427년 후

이순신 보물

열선루(列仙樓)의 비밀

돌을 금보다 귀히 여기라

이순태

목 차

열선루(列仙樓) : 결단의 장소 - 3

천행(天幸) : 신인(神人)의 도움 - 17

겸손(謙遜) : 말씀을 따름 - 41

금강석(金剛石) : 치유(治癒)에 이용 - 61

이순신 돌 : 우리의 꿈 - 77

열선루(列仙樓) : 결단의 장소

어디부터 이야기할까요.
무엇부터 이야기할까요.

명량해전이 있는 후 427년이 지난 **2024년 9월 20일**
저는 이순신 장군님의 마지막 보물을 발견했습니다.
마지막 보물은 금강석 즉 다이아몬드 원석입니다.

제가 2010년부터 15년 동안 발견한 이순신 장군님의 보물 중에서 첫 번째 중요한 보물은 **열선루**입니다. 재건된 **열선루**에 2023년에 올라가 노을을 바라보며 느꼈던 감격을 지금도 느낍니다. 지금도 **열선루**에서 노을을 바라보며 찍었던 사진을 보고 있습니다.

제가 노을을 보며 찍은 사진을 지금도 바라보며 감격하고 있는 이유를 계속 말씀드리겠습니다.

제가 **열선루**에서 노을을 바라보는 동안 개 한 마리가 공사 현장에서 저를 계속 바라보았습니다. 개를 보는 순간 어린 시절 친구로 지냈던 우리 집 개 폭스(Fox)가 생각났습니다.

지금 제가 찍은 **재건된 열선루 사진**을 보고 있습니다. 사진을 보는 지금도 2023년에 **열선루**를 처음 보았던 때에 느꼈던 그 감격을 잊지 못하고 있습니다.

오늘은 2025년 4월 4일입니다. 지금은 오후 4시입니다.

저는 지금 神人에게 감사를 드리며 이 글을 쓰고 있습니다.

지금도 神人께서 우리 민족을 지키시고 계심을 확신하기 때문입니다. 저는 2010년부터 지금까지 이순신 장군님과 관련된 여러 보물을 발견해 왔습니다. 지난 15년 동안 발견한 보물들은 모두 값으로 환산할 수 없는 가치를 지니고 있습니다. 모든 보물이 다 소중하지만, 중요성에 있어서 나름대로 순서가 있습니다. 제가 발견한 이순신 장군님의 첫 번째 보물이 무엇인가 묻는다면 저는 **열선루**라고 말하고 싶습니다. 저는 2023년부터 만나는 사람들에게 이렇게 말해 왔습니다.

**열선루는 세계문화유산으로 영원히 남게 될 소중한 보물입니다.
열선루를 보기 위해 세계 여러 나라 사람들이 몰려올 것입니다.**

 제가 **열선루**를 이렇게 최고 가치 있는 **세계적인 보물**이라고 말하는 이유가 무엇인지 설명해 드리겠습니다.
 지난 3년 동안 많은 사람과 열선루에 관해서 대화를 나눴습니다. 저는 2023년 정초부터 재건된 **열선루**를 여러 번 찾아갔습니다. 그리고 매번 사진도 찍었습니다. 그리고 2023년부터 저는 열선루 주변 사진을 매일 보고 있습니다. 저는 **열선루**에 관한 짧은 동영상을 만들어 나누기도 했습니다. 조금 전에도 단체 카톡에 이렇게 올렸습니다.

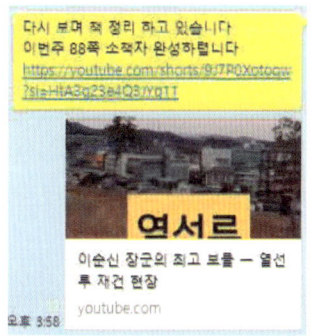

https://youtube.com/shorts/9J7P0Xotoqw?si=HtA3g23e4Q3JYg11

 2025년 3월 25일 석양이 질 무렵에도 **열선루 건설 현장인 신흥동산**에 올랐습니다. 그리고 사진 몇 장을 찍었습니다. 지금도 그 사진 중 두 장을 유심히 보고 있습니다. 한 장은 바로 조금 전에 보여드린 사진입니다. 다른 한 장은 바로 이것입니다.

글자의 뜻이 무엇인지 잘 아실 것입니다. 장군께서 **열선루**에서 기록하고 왕에게 올리신 글을 생각할 때마다 마음이 뭉클합니다.

自壬辰至于 五六年間 賊不敢直突於兩湖者 以舟師之拒其路也 <u>今臣戰船 尙有十二</u> 出死力拒戰則猶可爲也 今若全廢舟師 是賊所以爲幸而由 湖右達於漢水 此臣之所恐也 戰船雖寡 <u>微臣不死 則不敢侮我矣</u>
　임진년부터 5·6년간 적이 감히 호서와 호남으로 직공하지 못한 것은 수군이 그 길을 누르고 있어서입니다. **지금 신에게는 아직도 열두 척의 전선이 있사오니** 죽을 힘을 내어 맞아 싸우면 이길 수 있습니다. 지금 만약 수군을 모두 폐한다면 이는 적들이 다행으로 여기는 바로서, 말미암아 호서를 거쳐 한강에 다다를 것이니 소신이 두려워하는 바입니다. 비록 전선의 수가 적으나 **미천한 신이 아직 죽지 아니하였으니 왜적들이 감히 우리를 업신여기지 못할 것입니다.** 『이충무공전서』, 이분, 「행록」

今臣戰船 尙有十二(금신전선 상유십이)

　명량해전에서 싸웠던 배의 수가 12척이 아니라 13척이었다는 주장이 있음을 잘 알고 있습니다. 그러나 장군께서 **열선루**에서 이 글을 써서 선조에게 보내는 시점에 장군께서 강조하신 것은 **오히려** 12척의 배가 남아 있다는 점입니다.
　저는 8개의 글자 중에서 <u>尙(상)</u>자를 읽을 때마다 항상 감격합니다. 이 글자 대신 다른 글자를 사용할 수도 있었겠지만, 장군께서는 이 글자를 선택하셨기 때문입니다.

尚 오히려 상; 小-총8획; [shàng]
오히려, 바라다, 바라건대, 높다, 높이다, 숭상하다

'오히려'의 의미인 尙(상)자 하나가 장군의 마음을 더 잘 이해하게 만듭니다. '오히려'는 '아직도'의 의미 그 이상입니다. 이 글자를 통해서 알 수 있는 점은 무엇일까요? 장군께서는 12척의 배가 있음을 매우 긍정적으로 강조하셨던 것임을 알 수 있습니다. **장군께서는 12척의 배가 있고 그 배와 함께 자신이 살아 있기에 아직은 희망이 있다고 강조하신 것입니다. 그 배를 타고 함께 싸울 군사가 있음이 조선의 희망이라는 사실입니다.**

장군께서도 12척의 배가 매우 적다는 사실을 누구보다 더 잘 알고 있었습니다. 그러나 자신이 살아 있기에 그 적은 수의 배를 가지고도 적을 막을 수 있다고 선조에게 말씀하셨습니다. 저는 이 부분을 볼 때마다 장군께서 이렇게 기록하셨던 이유를 생각합니다.

戰船雖寡 微臣不死 則不敢侮我矣(전선수과 미신불사 즉불감모아의)
비록 전선의 수가 적으나 **미천한 신이 아직 죽지 아니하였으니 왜적들이 감히 우리를 업신여기지 못할 것입니다.**

저는 장군께서 자신을 과대평가해서 이런 글을 썼다고 생각하지 않습니다. 장군께서 이렇게 글을 쓴 것은 자신을 높게 여겨 달라는 것도 아니라고 생각합니다. 저는 장군께서 그때 수군이 사라지지 않도록 최선을 다하셨다고 지금도 생각하고 있습니다.

아직도
12척의 배들이 있고
이순신 장군이 있고
군사들이 남아 있다

장군과 함께 배를 타고 싸울 군사들이 있음이 조선의 희망이었습니다. 장군께서는 자신이 살아 있는 것은 수군이 건재하기를 원하는 하늘의 뜻이 있다고 생각했습니다. 장군께서 조선의 **희망을 글로 썼던 장소**가 바로 **열선루**였습니다. 만약에 이 글이 없었다면 조선은 없어졌을지도 모릅니다. 이순신 장군님의 마음에 이 글이 가장 먼저 생기지 않았다면, 그때 조선 백성은 일본의 노예가 되었고 그 후 우리 한민족은 완전히 사라졌을지도 모릅니다. 참으로 **장군 자신이 희망**이라는 글이 가장 먼저 장군 마음에 써졌다는 사실을 주목합니다. 글을 쓸 수 있음도 장군이 전투 후 일기에 기록한 것처럼 '**天幸**'입니다. 저는 난중일기를 수차례 정독하면서 '하늘의 도우심=천행'이 없이는 이런 마음을 품을 수 없다고 생각했습니다. 사실 글자 하나 쓰는 것도 천행입니다.

열선루의 조감도

저는 지금도 장군의 마음에 있던 글들을 종이에 옮겼던 장소인 열선루가 이순신 장군의 모든 보물 중 가장 중요하다고 생각하고 있습니다.

그리고 열선루에서 유명한 '한산섬 달 밝은 밤'으로 시작된 한산도가 (閑山島歌)가 지어졌음을 주장하는 사람이 많습니다.

閑山島 月明夜上戍樓(한산도월명야상수루)
한산섬 달 밝은 밤에 수루에 홀로 앉아
撫大刀深愁時 (무대도심수시)
큰 칼 옆에 차고 깊은 시름할 적에
何處一聲羌笛更添愁(하처일성강적갱첨수)
어디서 한 가락 피리 소리는 남의 애를 끓는가

이 시에 대해 https://namu.wiki/w/한산도가 에서는 다음과 같이 설명합니다.

 이순신이 이 시조를 지은 장소와 시점은 1595년 8월 15일(음력) 한산도 통제영이란게 통설이다. 시조에서 직접 '한산도'라고 명시되어 있고, 1595년 8월 15일 난중일기에는 '으스름 달빛이 다락을 비치니, 잠을 이룰 수 없어 밤새도록 휘파람 불며 시를 읊었다.'라는 내용이 있기 때문이다.
 그런데 이를 반박하는 다른 해석도 있다. 칠천량 해전 이후 복직한 이순신은 남도 지역을 돌며 병력과 물자를 수습하고 있었는데 1597년 8월 15일에는 보성 관아의 열선루에 숙박하였다. 이순신은 이때 그 유명한 '신에게는 아직 열두 척의 배가 남아있습니다'라는 '금신전선 상유십이'(今臣戰船尙有十二) 장계를 올리기도 했다. 이때 열선루에서 이 한산도가를 지었다는 주장이 있다. 1597년 8월 15일 난중일기에서는 '저녁에 밝은 달이 수루 위를 비추니 심회가 편치 않았다 술을 너무 많이 마셔 잠을 자지 못했다.'라고 나온다.

 그런데 위의 내용을 기록한 사람도 설명하지 않는 내용이 다른 곳에 있습니다. 좀 더 다른 각도에서 이 시가 **열선루**에서 써진 것이라고 주장하는 https://mijumunhak.net/parkyongsuk/board_6/60003 을 소개합니다.

한산도가(閑山島歌)

寒山島 月明夜(한산도월명야) 上戍樓撫大刀(상수루무대도)
深愁時何處(심수시하처) 一聲羌笛更添愁(일성강적경첨수)

한산섬 달 밝은 밤에 수루에 혼자 올라 큰 칼 불끈 잡고 깊은 시름 하는 차에,
어디에선가 들려오는 피리소리, 이내 시름 더해 주네

1597년 8월 15일, **열선루(전남 보성 관아에 있던 누각**)에 앉아 지어 읊은 날이다.
 한산도의 원래 한자명은 '한가(閑暇)하다'는 뜻의 '閑'자로 쓴다.
 이순신은 '한산도가'의 제목은 이 '閑'자로 그대로 하고, 서두는 '寒'(춥다, 쓸쓸하다) 자로 썼다(친필 시조에는 '寒'자로 되어 있음).
 왜 그랬을까?
 칠천량에서 전멸한 조선 수군, 전장을 함께 했던 동지들의 죽음…
 통제사에 복권되었지만, 모병을 위해 고을들을 둘러보니 관아와 민가는 폐허가 되어 텅 비어 있었다.
 그나마 남아 있는 보성 관아의 군기를 모아서 말에 싣게 했는데,
 곧 들이닥칠 12만의 왜군에 비해 너무도 초라했다.
 그러한 심경을 '寒'자로 표현했던 것은 아니었을까?

또 https://www.morningsunday.com/684에서는 더욱 자세한 설명이 있습니다.

이순신 한시 '한산도가' 보성에서 지었다
학계 난중일기 근거제시, 보성군 "열선루 복원 가능" 밝혀
기사 입력 2004/08/25 [02:22] 최종편집   최재승 기자

'한산섬 달밝은 밤에…' 로 시작되는 이순신 장군의 '한산도가(閑山島歌)' 의 한시(漢詩) 원본이 처음으로 공개된 바 있다.
 몇 년 전 서지학자 이종학(李鍾學. 독도박물관장) 씨에 의해 원본 자료가

공개된 후 '난중일기' 등이 이제까지 발견된 이순신 장군의 서체와 동일한 친필임이 확인됨에 따라 '한산도가'에 대한 새로운 해석이 이뤄져야 한다는 학계의 주장이다.

 학계에 따르면 '한산도가'는 이제까지 알려진, 이순신 장군이 1595년 8월 경남 충무의 한산섬에서 지은 것이 아니라 1597년 추석 전남 보성에 있는 열선루(列仙樓)에서 지어진 詩라는 것이 확실시된다고 밝히고 있다.
 또 공개된 한시의 원본 끝에 정유(丁酉, 1597년) 중추(仲秋)로 그 시기가 밝혀져 있고 '난중일기'도 당시 이순신 장군의 행적을 살펴보면 보성 열선루에서 한산도 방면을 바라보며 지은 것이라는 주장이 설득력을 얻고 있다.

 또한 "친필의 원본이 한시인 만큼 국문 시조 작품을 훗날 '이충무공전서(李忠武公全書)' 편찬 시 한문으로 번역했다는 주장도 잘못된 것"이라고 밝혔다.
 특히 지난번에 공개된 '한산도가'에 의해 시의 첫 글귀가 '한산도(閑山島)'가 아닌 '한산도(寒山島)'로 적혀 있는 것도 처음 알려짐에 따라 **"이순신 장군은 당시 일본군에 빼앗긴 한산도를 바라보며 쓸쓸한 마음을 담는 뜻에서 본래 글자인 '한가로울 閑' 자 아닌 '찰 寒' 자를 쓴 것으로 보인다"** 고 주장했다.

 ■ 이순신 장군의 난중일기를 살펴보자
 <1597년 8월 9일> 저녁에 보성 조양창에 이르니 사람은 하나도 없고 창고 곡식은 봉한 채 그대로였다. 군관 네 사람을 시켜 지키게 하였다.
 <1597년 8월 11일> 어제는 송희립과 최대성이 보러 왔다.
 <1597년 8월 14일> 오후에 어사 만날 일로 보성군으로 내려가 잤다. 이날 밤 큰비가 왔다.
 <1597년 8월 15일> 보성군 무기고를 점고하여 네 마리의 말에 나누어 실었다. 저녁때 흰 달이 다락위를 비치니 심회가 편안치 못했다.

 이 난중일기를 분석해 보면 '1597년 음력 8월 15일 "저녁때 흰 달이 다락위를 비치니 심회가 편안치 못했다"는 내용으로 봐서 당시 보성 최대성 장군의 軍營에 속해 있는 보성 '열선루'에 있으면서 왜군에 빼앗긴 한산도를 생각

하며, 이 시를 지은 것이 아닌가 하는 추정을 낳고 있다.

 만약 이순신 장군의 '한산도가'가 **열선루**에서 지어졌다는 사실이 잘 알려졌다면, 열선루에 관한 대중의 관심은 더 높아졌을 것입니다. 그러나 지금도 **열선루**를 제대로 아는 사람은 소수일 뿐입니다. 저는 열선루를 제대로 아는 것이 매우 중요하다고 생각하기에 이렇게 글로 정리하고 있습니다. 우리는 일제가 열선루를 흔적도 없이 지우려고 했던 이유를 잘 알아야 합니다. 그 이유는 바로 이순신 장군께서 이곳에서 필사즉생 마음을 품었기 때문입니다. 장군께서는 열선루에서 품었던 이 마음을 가지고 명량해전에 임하셨기에 승리할 수 있었던 것입니다.

필사즉생 필생즉사(必死則生 必生則死)
죽고자 하면 살 것이요, 살고자 하면 죽을 것이다

열선루에서 **필사즉생** 마음을 품은 장군을 **신인(하늘)**이 도왔습니다.
<u>1597년 9월 15일 밤 꿈에서</u>
신인(神人)은 장군에게 명량해전의 승리 비법을 말씀해 주셨습니다.
바로 **열선루에서부터 필사즉생** 마음을 품었기 때문입니다.

장군께서는 열선루에서 **필사즉생** 마음을 **먼저 품었기 때문에** 선조에게 '**신이 있고 12척의 배가 있고 그 배에 타서 함께 싸울 군사들이 있기에 승리할 수 있습니다**'라는 글을 올렸던 것입니다. 그리고 이 마음으로 전투를 준비하셨던 장군은 꿈에서 '神人'을 만나서 말씀을 받았습니다. 위의 글을 쓴 다음, **정확히 한 달 후 1597년 9월 15일 밤 꿈에서 神人이 나타나 장군에게 전투 방법을 말씀하셨던 것입니다.** 神人께서 자신에게 말씀하신 것을 장군께서는 일기에 이렇게 기록하셨습니다.

1597년 9월 15일 (계묘) 맑다.[양력 10월 25일]
조수를 타고 여러 장수들을 거느리고 우수영 앞바다로 진을 옮겼다. 벽파정 뒤에는 울돌목이 있는데 수가 적은 수군으로써 명량을 등지고 진을 칠 수 없기 때문이다. 여러 장수들을 불러 모아 약속하면서 이르되, "병법에 '반드시 죽고자 하면 살고 살려고만 하면 죽는다'고 했으며, 또 '한 사람이 길목을 지키면, 천 사람이라도 두렵게 한다'고 했음은 지금 우리를 두고 한 말이다. 너희 여러 장수들이 살려는 생각은 하지 마라. 조금이라도 명령을 어기면 군법으로 다스릴 것이다. 조금이라도 너그럽게는 용서하지 않을 것이다"하고 재삼 엄중히 약속 했다. 이 날 밤 신인(神人)이 꿈에 나타나, "이렇게 하면 크게 이기고, 이렇게 하면 지게 된다"고 일러 주었다.

중요한 부분은 이것입니다.
이날 밤 신인(神人)이 꿈에 나타나,
"이렇게 하면 크게 이기고, 이렇게 하면 지게 된다"고
일러 주었다.

열선루는 단순한 장소가 아닙니다.
열선루는 장군께서 '**죽을 각오를 하고 최선을 다하면 반드시 살게 된다.**'라는 마음을 품었던 특별한 장소입니다. 그리고 그런 장군의 '**사생결단**'의 마음을 보신 **神人**께서 한 달 후에 장군의 꿈에 나타나 승리의 방법을 **아주 구체적으로** 말씀하셨습니다. 가장 중요한 사실은 **장군께서는 신인의 말씀대로 전투했기에 마침내 승리하게 되었던 것입니다.**
꿈과 관련해서는 나중에 자세히 이야기하겠습니다.
이 부분을 마지막으로 살피고 있는데, 조금 전에도 자신의 사업에 희망이 없다고 전화하는 사장님으로부터 전화가 왔습니다. 그분에게 이렇게 말씀드렸습니다. '사장님이 살아 있음이 그 사업의 희망입니다. 사장님께서 그 사업을 아직도 지키고 계시기 때문입니다. 이전에 미국

에서 자수성가한 500 기업 사장들을 연구했던 보고서가 있습니다. 그 분들은 **3,4번 경제 파산**을 경험했답니다. 부도가 나더라도 다시 일어설 사람은 사장님이며, 사장님이 그 사업과 사장님 가정의 희망입니다. 사장님 마음에 내가 희망이다라는 글을 써 놓으시길 바랍니다.' 혹시 여길 읽으신 분 중에도 좌절 가운데 계신 분이 있으실 것입니다. 그러나 좌절 속에서도 살아 있음이 희망임을 잊지 맙시다.

보성군청 옆 열선루 - 여기도 석양을 보는 서북쪽을 향해 있음

저는 2021년도에 고향에 내려와 지내기 시작했습니다. 시간을 내어서 2023년도에 **열선루**를 찾아보려고 차량 장소 찾기에 '**열선루**' 장소를 기록하고 차를 몰고 보성읍에 왔는데, 위의 장소로 안내받았습니다. 그때 처음으로 **보성군청 옆**에 있는 이곳을 방문했습니다.

이곳을 제일 잘 설명해 준 곳을 소개합니다. 사진도 이곳에서 가져왔습니다. 제가 찍은 사진보다 더 좋기 때문입니다. 이분이 아주 잘 설명해 주셔서 참으로 감사드립니다. 기회가 되면 '**도봉산 고양이**' 이름으로 https://pynce78.tistory.com/875에 글을 쓰신 분을 뵙고 싶습니다.

재건된 **열선루**와 지금도 정비되고 있는 주위 경관을 보고 싶으신 분들은 반드시 **신흥동산**을 찾아가야만 됩니다.
- **신흥동산(전남 보성군 보성읍 보성리 925)**

 열선루에 올라가기 직전에 '추락주의' 표시가 있지만, 조심히 올라가시면 됩니다. 높이가 상당하기에 등산하는 기분으로 올라가셔야 합니다. 동산 주위를 한 바퀴 돈다면 대략 800m 정도 될 것입니다. 2025년 3월 25일에는 동산 주위를 돌며 산책하고 계시는 여러 사람을 만났습니다. 그중 잠시 대화를 나눴던 분도 계십니다.

열선루(列仙樓) 글자 의미가 가슴을 뛰게 합니다.
열선루(列仙樓) : 열을 지어 있는 신선들의 다락집

의미를 알고 난 다음 **신흥동산 정상**에 올라와서
이순신 장군께서 하셨던 것처럼 **필사즉생(必死則生)** 마음을 품고서
서북쪽 하늘을 보며 **神人**에게 마음을 모아 간절히 기도하는 사람들 모두가
신선처럼 고귀한 분들이라고 생각되기 때문입니다.

그 기도가 반드시 응답 되리라고 확신하기 때문입니다.
3년 전 그곳에서 드렸던 제 기도도 마침내 응답하셨던
그 神人께서는 희망을 기도하는 사람에게
지금도 변함없이 **天幸**으로 응답하시기 때문입니다.

일제는 <u>신인의 도우심으로 명량해전에서 크게 승리했다고</u>
기록한 난중일기를 본 다음
열선루와 조양창을 흔적도 없이 사라지게 했다.

자신들을 지배하는 왕을 천황이라고 선전했던 일제는
천황만이 신인이며 그 신인은 일본의 왕이라고 주장하기 위함이었다.

<u>이순신 장군에게 말씀하신 분이 신인이라면
일본 천황은 가짜라는 의미이기 때문이다.</u>

열선루가 재건된 것은 기적이다.
그것도 신흥동산에 재건 된 것은 더욱 큰 기적이다.

신흥동산 중 신흥 글자가 어떤 의미인지 아직도 답해 주는 이 없지만
'**새롭게 일어남**'이란 의미의 **신흥(新興)**으로 생각되기 때문이다.

신흥무관학교
신흥동산
신흥한국
신흥세계

나는 지금도 **신흥한국**을 꿈꾸며 이 글을 쓰고 있다.
신인께서는 이 글을 보는 당신을
신흥한국의 주역으로 부르신다.

새롭게 흥하리라
대한민국이여
한민족이여

천행(天幸) : 신인(神人)의 도움

오늘은 2025년 4월 4일입니다.
올해가 명량해전이 있는 후 428년이 되었지만
제가 표지에 **427년**을 기록한 이유가 있습니다.
그 이유는 작년에 글을 정리하려고 했기 때문만은 아닙니다.
그 이유를 이전에 써 놓은 글을 보시면 잘 알게 될 것입니다.

저는 **15년 동안** 수많은 이순신 장군의 보물을 발견했습니다. 그리고 매일 그 모든 보물을 어떻게 하면 가장 효과적으로 알릴 수 있을까 생각하며 살아왔습니다. 그런데 드디어 **지난해(2024년) 9월 20일에 이순신 보물을 가장 효과적으로 알릴 수 있는 도구인 금강석(金剛石)을 발견하게 되었습니다.** 저는 그날 이전에는 도구가 금강석이라고 단 한 번도 생각한 적도 없었습니다. 그런데 지난해 9월 20일에 가장 효과적으로 알릴 수 있는 도구로 금강석이 두 눈에 번쩍이며 들어왔습니다. 지난해 9월 20일에 도구인 금강석을 알았기에 지금 이렇게 이순신 보물들을 알리기 위해 글을 정리하고 있습니다.

저는 지난 몇 년 동안 난중일기를 여러 번 정독했습니다. 그리고 가장 중요한 내용을 발견했습니다. 제가 발견한 가장 중요한 내용은 바로 이순신 장군의 꿈에 나온 **神人**이었습니다. <u>우리 민족이 오늘까지 이렇게 살 수 있음이 **神人의 도우심** 때문임을 알았습니다.</u> 이 사실을 발견했던 그 순간 정말 감격스러웠습니다.

 제가 무슨 말을 하고 있는지 제 말을 처음 들은 사람들은 매우 의아하게 생각할 것입니다. 그런데 이틀 전에 정리했던 제 글을 보시면 제가 무슨 말을 하고 있는지 잘 이해하실 것입니다.

글을 쓴 이유

 우리 민족에게는 자랑스러운 분들이 많습니다.
 그 자랑스러운 분 중에서도 이순신 장군은 아주 특별합니다. 장군께서 얼마나 특별한 분인지는 이미 여러 가지 방법으로 널리 알려졌습니다. 그런데 아직도 널리 알려지지 않는 아주 중요한 몇 가지가 있음을 알게 되었습니다. 그 몇 가지를 소개하고 싶어서 이 글을 썼습니다.

 저는 지금 사실과 허구를 적절하게 섞어서 소설을 만들 생각을 하고 있습니다. 소설에 나오는 지명이나 기념물 그리고 사적지는 모두 사실입니다. 소설에 나오는 모든 것은 모두 학자들의 오랜 연구의 결과 사실로 입증되었습니다. 소설에 소개된 것들을 인터넷에서 찾아보시면 사실임을 아실 것입니다.
 우리 가족이 보관한 물품들은 학자들이나 일반인에게 공개되지 않는 것들입니다. 보관한 것들을 보고 싶으면 세워질 <장군들 기념관>으로 오시면 됩니다. 분명한 점은 책에 소개된 모든 것들은 지금도 우리가 보관하고 있습니다. 우리와 가족으로 사는 분들은 보관하고 있는 모든 것들을 이미 보았습니다.
 이순신 장군께서 고향 부근에 남기신 많은 보물을 쉽게 찾아볼 수 있도록 돕고 싶어서 아주 오랫동안 어떻게 쓸 것인지 많이 생각했습니다. 그러다가 **2024년 4월 28일**에 큰아들과 대화하면서 어떻게 쓸 것인지를 정했습니다. 아들과 오랜 대화의 열매로 글을 정리하게 되어 너무 기쁩니다. **언젠가는 정리한 것들을 반드시 책으로 출판할 것입니다.**

이 글을 읽으면 이순신 장군께서 이렇게 말씀하셨다는 것이 무슨 의미인지 잘 알게 될 것입니다. 글을 읽으신 모든 분이 이런 말씀을 잘 이해하고 살 수 있기를 바랍니다.

- 우리가 할 수 있는 것은 최선을 다하고
  우리가 할 수 없는 것은 하늘에 맡겨라
- 임금이 아니라 장군이 되어라
- 돌을 금보다 귀히 여기라

제가 큰아들과 대화를 마치는 시점에서 정리했던 <이순신 보물> 소설의 표지 뒷면은 2024년 5월에는 원래 이렇게 만들었습니다.

명량해전 승리 비결

그것은 바로 신인의 도움이었다.
그것은 바로 장군의 겸손이었다

장군께서는 자신보다 더욱 지혜로운 신인이 계심을 믿었다.
장군께서는 꿈에서 신인이 말씀하신 대로 전투했기에 대승했다.
대승의 원인은 신인 말씀대로 순종했던 장군의 겸손이었다.
이 사실을 <난중일기>가 증명하고 있다.

9월 16일 (갑진) 맑다.[양력 10월 26일] 우리를 에워싼 적선 서른 척을 쳐부수자, 적선들은 물러나 달아나 버리고 다시는 우리 수군에 감히 가까이 오지 못했다. -중략- **이것은 참으로 천행이다.**

- 9월 16일의 난중일기는 이순신이 쓴 모든 일기 중에서 가장 길고 상세하게 쓴 일기다. 아마 이순신 장군 본인이 느끼기에도 이 하루가 평생 가장 긴박하고, 가장 길었던 시간이었다는 걸 짐작할 수 있다. 그런데 어떤 전술을 구사해 이겼는지 대신에 '단지 천운이었다'고만 기록해 놓아서 현재까지도 갑론을박하게 되었다.

인터넷에서 본(2024-04-11 01:24:18 수정됨) 위의 글처럼, 지금도 장군께서 '천운=천행'이라고 기록한 이유가 정확히 무엇인지 모른 상태다. 그러나 바로 **하루 전 일기**에 그것이 무엇인지 분명하게 기록되어 있다.

9월 15일 (계묘) 맑다.[양력 10월 25일] 여러 장수들을 불러 모아 약속하면서 이르되, "병법에 '반드시 죽고자 하면 살고 살려고만 하면 죽는다'고 했으며, 또 '한 사람이 길목을 지키면, 천 사람이라도 두렵게 한다'고 했음은 지금 우리를 두고 한 말이다. 너희 여러 장수들이 살려는 생각은 하지 마라.
　-중략-　이날 밤 신인(神人)이 꿈에 나타나, "이렇게 하면 크게 이기고, 이렇게 하면 지게 된다"고 일러 주었다.

　　　　난중일기를 보면, 장군께서는 수많은 꿈을 꾸셨는데,
　　　　　　　신인께서는 단 한 번만 나타나셨다.
　　　　　　　절체절명(絕體絕命) 그 밤에
　　　　신인께서 꿈에서 장군께 승리의 비결을 말씀해 주셨다.

　　　　　　이순신 장군께서 남기신 최고의 보물은
　　　　　　겸손이 무엇인지 알려주신 것이다.
　　　　　　　겸손이란 자신을 객관적으로 보고
　　　　　　　할 수 있는 것에 최선을 다하는 것이다.

　　　　　이순신 장군은 지금도 이렇게 말씀하실 것이다
　　　　　　　　할 수 있는 것은 최선을 다하라
　　　　　　　　할 수 없는 것은 하늘에 맡겨라

<이순신 보물>은 돈으로 환산불가(換算不可)이다.

이순신 장군과 관련된 많은 것이 귀한 보물임을 알았고 그 모든 것은 **돈으로 환산불가**(換算不可)임을 알게 되었다. 그 모든 보물 중에서도 가장 귀한 것이 무엇일까 생각해 보았다. 그것은 이순신 장군이 가장 소중하게 여겼던 것이라고 결론 내렸다. 그리고 장군께서 가장 소중하게 여겼던 것을 발견하게 되었다. 바로 난중일기 속에서였다. 그것은 바로 **神人의 도우심 즉 '天幸'**이다. 이 사실을 장군의 일기에서 분명하게 알게 된다.

난중일기 중에 가장 길게 기록되어 있는 이 날의 기록을 정독해 보라. 장군께서는 신인의 말씀대로 싸워서 승리했음을 잘 알 수 있다. 신인의 말씀대로 싸운 장군에게 신은 승리를 선물하셨다. **최선을 다해 신인의 말씀대로 싸운 장군에게 천행이 따른 것이다.**

1597년 9월 16일 (갑진) 맑다.[양력 10월 26일]

아침에 별망군이 나와서 보고하는 데, **적선이 헤아릴 수 없을 만큼 많이 울돌목을 거쳐 곧바로 진치고 있는 곳으로 곧장 온다고 했다.** 곧 여러 배에 명령하여 낯을 올리고 바다로 나가니, 적선 백서른세 척이 우리의 여러 배를 에워쌌다. **대장선이 홀로 적진 속으로 들어가 포탄과 화살을 비바람같이 쏘아대건만 여러 배들은 관망만 하고 진군하지 않아 사태가 장차 헤아릴 수 없게 되었다. 여러 장수들이 적은 군사로써 많은 적을 맞아 싸우는 형세임을 알고 돌아서 피할 궁리만 했다.** 우수사 김억추(金億秋)가 탄 배는 물러나 아득히 먼 곳에 있었다. 나는 노를 바삐 저어 앞으로 돌진하여 지자총통·현자총통 등 각 종 총통을 어지러이 쏘아대니, 마치 나가는 게 바람같기도 하고 우레 같기도 하였다. 군관들이 배 위에 빽빽히 서서 빗발치듯이 쏘아대니, 적의 무리가 감히 대들지 못하고 나왔다 물러갔다 하곤 했다. 그러나 **적에게 몇겹으로 둘러 싸여 앞으로 어찌 될지 한 가진들 알 수가 없었다.** 배마다의 사람들이 서로 돌아보며 얼굴빛을 잃었다. 나는 침착하게 타이르면서, "적이 비록 천 척이라도 우리 배에게는 감히 곧바로 덤벼들지 못할 것이다. 일체 마음을 동요치 말고 힘을 다하여 적선에게 쏴라."고 하고서, 여러 장수들을 돌아보니, **물러나 먼 바다에 있었다.** 나는 배를 돌려 군령을 내리자니 적들이 더 대어들 것 같아 나아 가지도 물러나지도 못할 형편이었다. 호각을 불어서 중군에게 명령하는 깃발을 내리고 또 초요기를 돛대에 올리니, 중군장미 조항첨사 김응함(金應)의 배가 차차로 내 배에 가까이 오고, 거제현령 안위(安衛)의 배가 먼저 왔다. 나는 배 위에 서서 몸소 안위(安衛)를 불러 이르되, "안위(安衛)야, 군법에 죽고 싶으냐? 너가 군법에 죽고 싶으냐? 도망간다고 해서 어디 가서 살것 같으냐? 고 하니, 안위(安衛)가 황급히 적선 속으로 돌입했다. 또 김응함(金應)을 불러 이르되, "너는 중군장으로서 멀리 피하고 대장을 구하지 않으니, 그 죄를 어찌 면할 것이냐? 당장 처형할 것이로되, 적세 또한 급하므로 우선 공을 세우게 한다."고 하니, 두 배가 곧장 처들어가 싸우려 할 때, 적장이 그 휘하의 배 두 척을 지휘하여 한꺼번에 개미 붙듯이 안위(安衛)의 배로 매달려 서로 먼저 올라가려고 다투었다. 안위(安衛)와 그 배에 탔던 사람들이 죽을 힘을 다하여 몽둥이로 치기도 하고, 긴창으로 찌르기도 하고, 수마석 덩어리로 무수히 어지러이 싸우니 배 위의 사람들은 기진맥진하게 된데다가, 안위(安衛)의 격군 일여덟 명이 물에 뛰어들어 헤엄치는데 거의 구하지 못할 것 같았다. 나는 배를 돌려 곧장 처들어가 빗발치듯 어지러이 쏘아대니, 적선 세 척이 얼추 엎어지고 자빠지는데 녹도만호 송여종(宋汝悰). 평산포대장 정응두(丁應斗)의 배가 줄이어 와서 합력하여 적을 쏘아 한 놈도 몸을 움직이지 못했다. 항복해온 왜놈 준사(俊沙)란 놈은 안골포의 적진에서 투항해온 자이다. 내 배위에서 내려다 보며, "저 무늬 있는 붉은 비단옷을 입은 놈이 적장 '마다시'다"고 하였다. 나는 김돌손(金乭孫)으로 하여금 갈구리를 던져 이물로 끌어 올렸다. 그러니 준사는 펄쩍 뛰며, "이게 마다시다"고 하였다. 그래서, 곧 명령하여 토막으로 자르게 하니, 적의 기운이 크게 꺾여 버렸다. 이 때 우리의 여러 배들은 적이 다시는 침범해오지 못할 것을 알고 일제히 북을 치며 나아가면서 지자총통.현자총통 등을 쏘고, 또 화살을 빗발처럼 쏘니, 그 소리가 바다와 산을 뒤흔들었다. 우리를 에읶 싼 적선 서른 척을 쳐 부수자, 적선들은 물러나 달아나 버리고 다시는 우리 수군에 감히 가까이 오지 못했다. 그 곳에 머무르려 했으나 물살이 무척 험하고 형세도 또한 외롭고 위태로워 건너편 포구로 새벽에 진을 옮겼다가, 당사도(무안군 암태면)로 진을 옮기어 밤을 지냈다. 이것은 참으로 천행이다.

이날의 싸움을 https://namu.wiki에서 이렇게 보여줍니다.

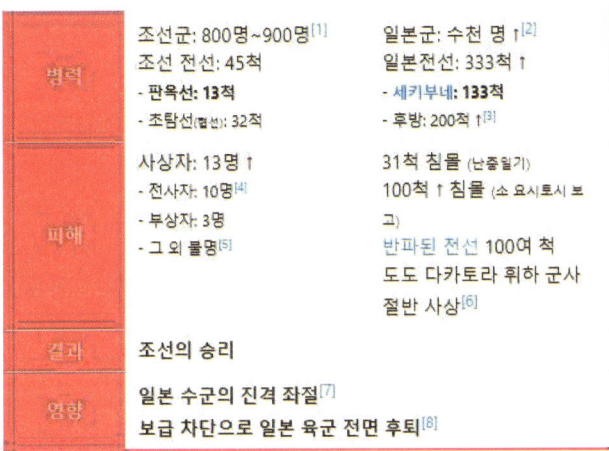

  31척이 침몰하는 것을 보면 남은 배들이 달려와 더욱 힘을 다해 싸우는 것이 병법일 것입니다. 그런데 뒤에 남아있었던 302척이 도망을 쳤다는 것입니다. 참으로 이상하지 않습니까? 장군께서 기록하신 일기가 말하는 것은 무엇일까요? **싸움의 시작과 과정만이 아니라 결과도 천행이었다는 의미입니다. 그 천행은 이순신 장군께서 열선루에서부터 기도했던 것에 대한 응답입니다.**

  저는 지난 몇 년 동안 이순신 장군께서 명량해전에서 승리할 수 있는 비결이 신인의 도우심 즉 천행임을 강조해 왔습니다. 중요한 사실은 명량해전은 1척의 배와 31척의 배의 싸움으로 시작되었다는 것입니다. 그런데 1척의 배가 승리하고 있었습니다. 바로 신인의 도우심 때문입니다. 저는 중학교 1학년 때 소설 <이순신 보물>에서 그 배에 타고서 선두 지휘하신 장군님의 손에 양날의 검이 들려 있었다는 것을 읽었습니다. 그 검의 이름이 '호두검'이랍니다. 그리고 저는 2011년에 고향 집에서 전혀 상상조차도 못했던 신기한 방법을 통해 '호두검'을 발견했습니다. 그리고 **2024년 4월 28일에 소설 <이순신 장군>의 내용이 전부 기억났습니다.** 그 후 호두검과 관련된 내용이 사실일 수도 있겠다고 생각하게 되었습니다. 그래서 나중에 <이순신 보물>을 정리할 때 사용하려고 며칠 전에 손자와 함께 나눈 대화를 모두 기록해 두었습니다. 제 손자는 5.18 민주화운동 때 세상을 떠났던 친구의 딸이 낳았습니다. 올해 고등학교 3학년인데, 주말이 되면 저를 찾아오곤 합니다. 제가 친구 딸을 친딸처럼 여기며 살아내고 있습니다. 그럼 신이 장님에게 주셨던 호두검에 관해 손주와 나눴던 내용을 여러분과 나누겠습니다. 호두검이 장군께서 말씀하신 **천행**과 연결되어 있기 때문입니다.

호두검

- 운석으로 만든 호두검이 세상에 있음을 아는 사람은 거의 없다. 그

러나 용두검이 존재했던 사실에 대해서는 아는 사람이 많다. 그리고 인터넷을 쳐보면 용두검에 관해서는 자세히 설명되어 있다.

- 용두검은 이순신 장군이 사용한 것이 아니고 태조 이성계께서 사용하셨다는 내용을 들은 적이 있습니다.

- 그런데 용두검이 언제 어떻게 사용되었는지, 그러다가 언제 어디서 어떻게 사라지는지 자세히 아는 사람은 아무도 없다. 용두검이 지금 어디가 있다고 한다면, 그것은 돈으로 환산할 수 없는 국보급의 가치가 있을 것이다. 그러나 사실 용두검이 무엇으로 만들어졌는지 아는 사람도 없고, 그 길이가 어느 정도인지 아는 사람은 없다. 검의 머리는 용의 모양을 하고 있었다고 전해 지지만, 구체적으로 어떤 생김새인지 또 검의 몸통은 어떻게 생겼는지 현대인 중에 아는 사람은 한 사람도 없다. 그래서 아마 누군가가 용두검을 가지고 있다 한다면, 그 검을 세상에 공개하면 많은 사람이 깜짝 놀랄 것이다. 그리고 만약에 그 검을 어딘가 비치에 놓고 보고 싶으면 찾아오라고 한다면, 그곳으로 찾아오는 사람이 상당히 있을 것이다. 물론 얼마나 많은 사람이 그것을 보기 위해 올 것인지는 구체적으로 계산한다는 건 어렵지만, 지금까지 전설로만 이야기되어왔던 용두검이 실제로 나타났다면, 그것을 보기 하여 오는 사람들이 상당히 많을 것은 분명하다.

- 저도 할아버지 말씀처럼 생각합니다.

- 먼저 책 표지에 사용하려는 이 돌을 자세히 봐라.

1)

2)

위 사진을 자세히 보시길 바랍니다. 저는 1) 돌의 원래 사진을 좌우대칭으로 변형시킨 위의 2) 사진을 2024년 5월에는 정리하려는 책의 앞표지로 정했습니다. 그러나 지금은 열선루를 강조하려고 뒤표지로 옮겼습니다. 오른쪽 책은 아이들 어릴 적에 선물했던 오래전에 출판되었던 것입니다. 이 책에서도 열선루나 명량해전에서 싸웠던 군사들이 먹었던 쌀이 조양창에 있었다는 언급을 찾아볼 수 없었습니다. 먹을 것들을 백성들이 가져와 군사들에게 주었다고만 기록되었습니다. 그러나 조양창(兆陽倉)에는 오곡 1200가마가 있었습니다. 2015년 2월 25일 전남매일신문에 있는 기사 내용을 읽어보시길 바랍니다.

조양창에서 확보한 군량은 오곡으로 600석(1,200가마) 정도였다. 이순신이 조양창에서 구한 식량은 장정 600명이 1년 동안 먹을 식량이었다. 이순신은 이후 군량 걱정만은 한시름 놓게 되었다. 이순신은 군량을 포구를 이용해 군사 기지로 옮길 방안을 모색했다. -중략-
이제 마음이 바쁜 이순신은 조양창에서 확보한 군량을 옮길 장소를 결정했다. 지난해 8월 20일 답사를 마친 바 있는 백사정 전선수리소인 군사 기지와 군영구미 전선정박소로 가도록 분산해서 식량운반선을 정박하도록 했다. 이날 조양창에서 군관을 4개 부대로 나누어 조양포로 군량을 옮기기 시작했다. 100여 척의 향선과 어선, 1척의 군선을 지휘했다. 오늘날 조양창에서 용전리 대전마을 입구까지가 이순신의 군량 도하 작전의 일대 장관을 이룬 목도의 현장이다. 이순신이 군사를 배불리 먹일 수 있는 군량을 선적하며 그 행복한 순간 구령을 지르던 곳이 경전선 조성역 자리다. 벌교에서 보성군 사이 5개의 역은 이순신의 폭풍같이 질주하는 모습이 그려지는 현장이다.

600명 군사 1년 양식이었던 1200가마를 당시의 군사들만 아니라 굶주린 백성들도 함께 먹었다는 점은 매우 중요합니다. 이 양식을 먹고 싸운 군사들이 조선을 구했기 때문입니다. 아무튼, 먼저 열선루를 기록한 1597년 난중일기 내용을 알아야만 우리 이야기를 이해할 수 있습니다.
8월 14일 (임신)[양력 9월 24일]
아침에 각각으로 장계 일곱 통을 봉하여 윤선각(尹先覺)으로 하여금 지니고 가게 했다. 저녁에 어사 임몽정(任夢正)을 만나러 보성에 갔다가 열선루에서 잤다. 밤에 큰 비가 쏟아지듯 내렸다.
8월 15일 (계유) [양력 9월 25일] 비 오다가 저녁나절에 맑게 개었다.
식사를 하고 난 뒤에 열선루 위에 앉아 있으니, 선전관 박천봉(朴天鳳)이 임금의 분부를 가지고 왔는데, 그것은 8월 7일에 만들어진 공문이었다. 영의정은 경기 지방으로 나가 순시중이라고 했다. 곧 잘 받들어 받았다는 장계를 썼다. 보성의 군기를 검열하여 네 말에 나누어 실었다. 저녁에 밝은 달이 수루 위를 비추니 심회가 편치 않았다. 술을 너무 많이 마셔 잠을 자지 못했다.

- 그런데 이 돌에 새겨져 있는, 오른손에 들고 있는 것이 용두검이라고 하고, 내가 소설로 쓴다면 그 나름대로 재미가 있을 것이다. 돌에 나타난 모양을 태조 이성계의 건국신화와 연결해서 소설을 쓴다면 그럴싸한 이야기가 될 것이다. 돌 밑에 모양이 용이고, 위에 모양은 태조

이성계가 용두검을 휘두르며 진격하는 모습이라고 소설을 쓴다면 많은 사람을 그럴싸한 내용이라고 평가할 것이다. 그리고 이 돌이 태조 이성계께서 꿈속에서 보았던 것인데, 깨어나서 꿈에서 보았던 그 장소에 가서 이 돌을 발견하고 조선을 건국한 이후에도 계속 머리 곁에 두고 살았다고 소설을 쓸 수 있을 것이다.

- 할아버지 상상력은 대단하십니다. 엄마 말씀이 생각납니다. 엄마께서 할아버지는 상상력을 발휘해서 쓰신 소설로 유명하게 되실 거라고 말씀하셨거든요.
- 네 엄마가 네게도 그렇게 말했구나. 그런데 사실 이 돌은 그 태조 건국신화보다 더 재미있는 이야기를 담고 있는 거다.
- 무슨 이야기인데요?
- 돌에 나타난 모양이 참 흥미롭다. 그것이 400년 전에 사라졌다가 400년 만에 다시 나타나게 된 것이다.
- 네? 무슨 말씀인지 이해가 되지 않아요.
- 이 돌에 보이는 모양은 2024년 4월 28일에 나타났다.
- 이 모양이 그 이전에는 없었단 말씀입니까?
- 그랬다. 그 이전에는 이런 검정 모양은 없었다. 이괄의 난이 발생했던 1624년에 사라졌다고 한다. 그런데 지난해 4월 28일에 나타났다. 정확히 400년 만이지. 그날 새벽빛이 돌에 비출 때 찬란한 광채가 일어나면서 이런 모양이 생겼다. 그때 그 광경을 나만 본 것이 아니었다. 그때 큰 삼촌도 함께 보았다.
- 큰 삼촌도 함께 보았군요. 아무튼, 참 신기하네요.
- 그런데 이런 모양이 생긴 것은 그냥 우연이 아니다. 사실 **이런 모양이 생길 것이 400년 전에 예언되었다고 한다.**
- 400년 전에 예언되었다고요? 어디예요?

- 소설 <이순신 보물>에 기록되어 있었다.
- 할아버지 말씀대로라면 <이순신 보물>은 예언서도 되네요.
- 그렇지. 일종의 예언서도 되지. 책에 기록된 내용에 의하면 이 돌은 이순신 장군께서 지금 재건된 열선루가 있는 보성읍 신흥동산이라고 하는 그 동산 꼭대기에서 발견된 것이다.
- 이 돌을 보성읍 신흥동산 꼭대기에서 발견했다고요? 언제요?
- 그러니까 정확히 **1597년 8월 15일 밤**이었지.
- 그렇다면 보름달이 떴다는 그 밤이네요.
- 그렇지. 바로 이순신 장군께서 '신에게는 12척의 배가 있습니다. 신이 있는 한 일본이 조선을 어찌할 수 없습니다.'라고 글을 써서 임금에게 보냈다는 그날 밤이었지. 그 공문을 임금에게 보내고 난 다음 이순신 장군은 잠을 이룰 수가 없었다. 사실 장군께서는 폭풍우가 몰아치고 비바람이 몰아쳤던 그 전날 밤에도 잠들 수 없었다. 그런데 그 다음 날 밤에는 보름달이 떠 있었다. 장군께서 잠들 수 없었던 것은 보름달이 너무 밝아서만은 아니었다. 장군께서는 그렇게 장계를 써서 올렸지만, 아직 12척의 배도 오지 않았고, 12척이 있다고 해도 그걸 가지고 300척이 넘은 왜놈들을 상대한다는 것은 불가능하다는 것을 잘 알고 계셨기 때문이다.
- 그렇겠죠.
- 그래서 장군께서는 잠들 수 없었다. 과연 이 난국을 어떻게 헤쳐나갈 것인가? 아무리 생각해도 방법이 떠 오르지 않았다. 장군께서는 술까지 마시면서 지금 현실이 차라리 꿈이라면 좋겠다고 생각을 하셨다고 한다. 사실 천둥 번개 폭풍우가 몰아치는 그 전날 밤중에도 자다 천둥소리에 깨어나 더는 잠들 수 없었던 장군께서는 서북쪽을 향해 있는 열선루에서 악쓰듯 기도하셨다고 한다.

- 누구에게요?

- 원래 장군은 유학자이기 때문에 조상에게 기도해야만 되겠지만, 장군은 유학자면서도 여러 가지 학문과 종교를 잘 알고 계셨다. 그리고 장군께서는 서양 종교였던 기독교에 대해서도 어느 정도 알고 계셨다.

- 기독교에 대해서도 알고 있었다고요.

- 당연하지. 일본이 쳐들어올 때 일본군 선봉대에 십자가가 그려져 있었던 것을 보았을 것이다.

- 아 무슨 말씀인지 이해하겠어요.

- 벌써 네가 이해했구나. 그 일본 선봉대 깃발에 그려진 십자가가 무슨 의미인지를 장군께서 모를 리가 없었다. 무엇보다도 장군께서는 우리 고향 마을에 살게 되었던 기생을 살렸던 '**마리오**'라는 신부를 통해서 기독교가 어떤 것인지를 잘 알게 되었다. **그 신부의 이름이 마리오인데, 그것은 마루와 같은 의미란다. 그리고 그 두 단어는 산스크리트어(범어) 즉 사투리로 '신과 인간을 이어주는' 왕을 의미하지.** 그 신부의 조상이 한반도 남쪽에서 고대에 멸망한 왕족이었는데, 서양으로 도망을 갔다더라. 마리오 신부가 일본에 선교사로 온 것도 사실은 조선에 선교하고 싶어서였단다. 그래서 임진왜란 때 왜군들과 함께 조선으로 들어왔던 거래. 그 신부는 조선 말도 잘했고 한자로 신약성경도 번역해서 갖고 있었는데, 그것을 장군님께 선물하기도 하셨데. 아무튼, 마리오 신부에 관한 이야기는 나중에 자세히 설명하기로 하자.

- **마루 의미가 신과 인간을 이어주는 사람 즉 왕**이란 점은 할아버지 글을 보았기에 저도 말아요. 하늘과 집을 이어주는 것은 용마루고, 집과 땅을 이어주는 것은 그냥 마루라는 것도요. 그리고 하늘과 산을 이어주는 곳이 산마루라는 사실도 알고 있어요. 왕이란 이어주는 사람이란 할아버지 강조점을 잊지 않고 있어요. 그런데 마리오라는 신부님이

라고요? 처음 들어봅니다.

 - 그럴 거다. 그분이 어떤 분인지 나중에 자세히 설명하겠지만, 가장 중요한 것은 그분이 장군님께 말씀하신 내용이지.

'바다만 아니라 천지의 모든 만물을 창조하신 신이 사람이 되어서 모든 만물을 회복하고 인류를 구원하시기 위하여 죽고 부활하셨습니다. 그분은 지금도 역사를 주관하고 계십니다. 신인 그분은 지금의 전쟁과 모든 전투도 주관하고 계십니다.'

 장군께서는 신부로부터 이런 이야기를 들으셨단다. 사람이 되신 신인이 역사를 주관한다고 말하는 신부에게 장군께서 이렇게 질문했단다.

'사람이 되셨고 인류를 위해 죽고 부활하신 그 신인이 역사를 주관하고 계신다면 어떻게 이렇게 비참한 전쟁이 일어날 수 있을까요?'

 그때 마리오 신부가 이렇게 대답했단다.

 '**전쟁은 신인의 책임이 아니라 인간들의 책임**입니다. 신인은 인간들에게 의지적으로 서로 사랑하며 살려고 말씀하셨고, 인간들을 위해서 죽고 부활한 모습을 보여주시기까지 했는데, 인간들은 여전히 자기 배를 섬기는 우상숭배에 빠져 있습니다. 돈과 명예 그리고 권력에 대한 탐심 즉 우상숭배로 지금 이 전쟁이 일어난 것입니다. 그러므로 이 전쟁은 신인의 잘못이 전혀 아닙니다. 이 전쟁은 전적으로 인간들의 잘못입니다. 신인께서는 우리 인간이 기계처럼 살기를 원하신 것이 아니라 인격적인 주체자로 살기를 원하셨습니다. 인간 서로가 상대방을 자기처럼 사랑하며 살도록 하려고 신은 사람이 되셨고 죽고 부활하셨고, 그분은 신인으로 지금도 이 역사를 주관하고 계십니다.'

 그러면서 마지막으로 마리오 신부가 이런 말을 했다고 한다.

 - 어떤 말이에요?

 -'그 신인은 자신의 마음에 흡족한 자를 지금도 찾고 계십니다. 그

신인은 지금도 자신처럼 살기를 원하는 사람을 찾고 계십니다. 옛날 이스라엘에 다윗이라고 하는 왕이 있었는데, 그 왕이 문제도 많았지만, 그 왕 중심에 신을 기쁘게 하려고 노력했답니다. 그래서 신은 그를 높여주셨답니다. 신인께서는 지금도 신인의 마음에 합한 자를 찾고 계십니다. 신인께서는 지금도 자기 백성을 자신처럼 사랑하는 지도자를 찾고 계십니다.'

 - 마리오 신부께서 장군님께 그런 내용을 말씀하셨다고요? 진짜 그런 내용이 <이순신 보물>이라는 소설에 기록되어 있습니까? 아니면 할아버지께서 만든 이야기입니까?

- 내가 만든 이야기라면 좀 더 극적으로 더 멋있게 만들 수 있겠지. 아무튼, <이순신 보물>에 이순신 장군님의 일대기를 그리고 그분이 남겨놓으신 아름다운 것들을, 그분이 왜 그렇게 살았는가를 간략하게 써 놓지만, 이 부분이 아주 중요하게 다뤄지고 있다. 소설책에는 장군께서 폭풍우가 몰아치던 그 밤에 잠들지 못하고 기도했다는 내용을 매우 자세히 기록되어 있지.

- 그래요. 정말 소설 내용이 매우 궁금하네요.

- 장군께서는 15일 밤만 아니라 14일 밤에도 이 천지를 주관하는 신이 신인이라는 신부의 그 가르침을 가슴에 새기고 원망이 가득한 어조로 울부짖으며 항의했다고 한다. 사실 자다 천둥소리에 깨어났던 14일 밤에도 너무 답답해서 홀로 술까지 마셨다고 한다. 얼마나 답답하셨으면 14일 밤에도 그리고 15일 밤에도 홀로 술을 마셨을까. 밤에 홀로 술을 마시는 사람이라면 장군님께서 어떤 마음이셨을지 어느 정도 이해할 거야. 사실 나는 대낮에도 자주 홀로 술을 마시는 사람을 알고 있다. 그 사람의 어린 시절부터 지금까지 살아온 내용을 지금 생각만 해도 눈물이 나려고 한다. 아무튼, 장군께서는 술까지 마시며 신음하다

가 악을 쓰기도 하셨단다.

- 아까는 기도하셨다고 했잖아요.

- 기도라는 건 여러 종류가 있다. 할아버지도 살면서 장군님과 같이 항변했던 적이 많다. '왜 내게 이런 일이 일어나야 합니까? 왜 우리 민족에게 이런 일이 일어나며 왜 세상이 이렇게 되어야만 합니까? 과연 신인께서 살아계신다면 이런 일이 일어날 수 있을까요? 전능하신 분이 왜 이처럼 방관하고 계십니까?' 이런 항변을 나도 자주 해왔다. 그때 장군께서도 나처럼 항변했지. '진짜 신인이 살아계시고 신인이 역사를 주관하신다면, 신인이 우리 조선도 다스리신 분이라면 왜 이런 일이 일어나야 합니까? 신인 당신이 정말 이 조선의 주인이시라고 한다면, 그리고 이 조선을 제가 살려야 될 장본인이라고 한다면 저에게 그 증표를 보여주십시오.'

소설에는 이렇게 외쳤다고 기록되었지.

- 그래서 그렇게 울부짖자 돌을 얻을 수 있었단 말입니까?

- 그렇지. 그러나 한 번 울부짖고 기도했다고 해서 신인이 장군께 돌을 주신 것은 아니었지. **14일 밤에도** 장군께서는 새벽이 될 때까지 신음하시면서 반복적으로 왜 그 증표를 보여주지 않느냐고 저에게 나타나시든지 무엇을 보여주시든지 해달라고 떼를 썼다고 한다.

- 그래요? 그럼 어느 때쯤 증표가 나타났다고 기록되어 있습니까?

- 밤이 가장 깊을 때가 언제인지 아느냐?

- 언제인데요?

- 새벽 미명이 되기 직전이다. 동쪽 하늘에서 해가 뜨기 전이 가장 어둡지. 그런데 바로 그 순간 갑자기 하늘에서 돌 하나가 떨어졌대.

- 무슨 돌이야? 저 돌입니까? 아니다. 그 돌은 내 품속에 있지.

- 어떻게 생겼는지 궁금합니다.

- 할아버지가 항상 여기 왼쪽 가슴에 품고 있는데, 품속의 돌은 사진으로 찍어 컴퓨터 안에 두었으니까 나중에 보기 바란다.
- 품에서 꺼내서 보여주면 되지 않습니까?
- 이 돌은 나 외에 다른 사람들에게는 보여주지 않기로 했단다.
- 왜요?
- 이 돌에 있는 모습을 볼 수 있는 사람은 아주 특별한 사람이지.
- 제가 할아버지에게는 특별하잖아요. 그러니까 보여주세요.
- 그래 알았다. 바로 이 돌인데 이 부분을 자세히 보아라.

- 아! 여기 밑의 모양이 말처럼 보이고 그 위에 작은 용이 날고 있는 것처럼 보여요.
- 네가 그렇게 볼 수 있다니 신기하다. 사실 이 돌을 너에게도 보여주지 않으려고 했던 것은 지금까지 이 모양을 보여주어도 본다고 말한 사람이 없었기 때문이다. **자세히 보면 돌에 말의 형상이 있고, 그 말 형상 위에 용처럼 작은 형상이 있다**고 말해도 이것들을 보는 사람이 없었다. 그래서 돌을 보여주면, 돌에 있는 형상을 보지 못한 사람들은 나를 비웃었지. 없는 것을 보인다고 하니 허상을 보는 거라고. 정신병이라는 의미지. 그래서 더는 보여주지 않으리라 생각했지. 귀중한 돌을 함부로 보일 것이 아니라, 내가 계획하고 있는 것처럼 고향에 기념관을 만들어 놓고, 기념관에 있는 수많은 것을 보기 위해서 온 사람 중에서도 특별히 아주 친밀한 사람들에게만 보여주려고 계획했다.
- 무슨 말씀인지 알겠습니다. 그런데 이 돌이 어떻게 증표로 나타났다는 거죠.

- 비바람이 몰아치고 있는데 이 돌이 하늘에서 장군 앞에 뚝 떨어졌다는 거야.
- 아니, 그때 장군께서는 열선루에 계셨다면서요. 열선루는 지붕이 있잖아요. 돌이 옆으로 날아왔다는 의미가요?
- 아니다. 천장으로부터 돌이 갑자기 장군 앞에 뚝 떨어지더라는 거지.
- 지붕을 뚫고요.
- 아니다. 지붕을 뚫지도 아니하고 하늘에서 떨어졌는데 지붕을 통과해서 바로 장군 앞에 떨어졌다는 거지.
- 참 신기하네요. 진짜 소설 같은데 그런 다음 어떤 일이 있었죠?
- 그런데 그 새벽에는 아무 일도 없었단다. 14일 잠들지 못한 그 새벽에는 이 돌만 장군님 앞에 떨어졌던 거지. 그런데 15일 밤, 보름달이 서쪽으로 사라질 시간이 되었을 때지. 그때 장군님은 거의 탈진상태가 되셨지. 장계를 다 쓰고 시를 써 놓으신 다음 비통한 마음으로 술까지 드셨던 장군님은 잠에 빠지고 싶었지만 잠도 오지 않았지. 과연 어떻게 해야만 할 것인가? 아무리 생각해도 333척을 물리칠 방법은 없었지. 장군께서는 탈진상태 직전이셨지. 그런데 그때 눈앞에 두었던 이 돌에서 빛줄기가 나오기 시작했데.
- 빛줄기요?
- 그랬데. 그런데 빛줄기가 신흥동산 꼭대기로 향하고 신흥동산 꼭대기에서도 빛줄기가 나오더니 두 빛이 마주치더라는 거야.
- 아! 무슨 말씀인지 알겠어요. 그러니까 신흥동산 꼭대기에 황토색에 검정 모양이 있는 이 돌이 있었다는 거죠.
- 벌써 감 잡았구나. 두 빛이 마주치는 것을 장군께서 보고는 전날 밤에 열선루에 떨어졌던 이 돌을 들고서 신흥동산까지 달려가기 시작하

셨단다.

- 거리가 어느 정도 됩니까? 저도 가보고 싶어요.

- 그래 다음에 오면 시간 내어 가보자. 내가 며칠 전에도 가봤는데, 한 700m 아니면 800m 정도 될까. 아무튼, 그곳까지 장군께서는 호위하는 병사들과 함께 달려가셨지. 꼭대기에 오르자 그곳에 이 돌이 있었고, 이 돌이 있던 곳 아래 바위가 있었는데, 바위에 틈이 있었고 그 틈 사이에 눈비가 와도 스며들지 않도록 특별한 칠을 한 바구니가 있었데. 그 바구니를 열었더니 그 돌에 무엇인가 꽂혀 있었단다. 돌에 꽂혀 있는 것은 비단 천으로 뚤뚤 말아져 있었는데, 그 천을 풀어보았단다. 그랬더니 바로 호두검이 돌에 꽂혀 있었단다.

- 서양의 어떤 왕이 검을 뽑는 장면의 영화가 생각나네요.

- 호두검이 돌에 꽂혀 있었지만 뽑기가 어려웠던 것은 아니었단다.

- 그래요? 어떻게 되었죠?

- 그냥 쑥 뽑혔다고 기록되었다. 그런데 그때 그곳에서 주었던 돌에 지금 이 모양이 있었다고 하지.

- 장군께서는 호위한 병사들과 함께 열선루로 돌아와서 돌에 있는 그림이 과연 무엇을 의미하는 것인지 이야기를 나누었다고 한다.

- 그때 호위한 병사들이 누구였는지 궁금해요.

- 장군님의 두 명의 서자와 두 명의 서자 친구인 우리 마을 출신 2명은 항상 장군님을 호위하며 따라다녔지.

- 그랬군요. 장군님의 두 명의 서자가 있었다는 점은 잘 알고 있어요. 왜란 이후 1624년의 이괄의 난 전투와 1636년 병자호란 전투에서 각각 사망하셨다는 내용도 인터넷에서 읽어서 잘 알고 있습니다. 그러나 그분들의 친구들에 관해서는 처음 들어요.

- 그 친구들에 관해서는 나중에 자세히 이야기해 줄게. 그러니까 장

군께서 신흥동산 꼭대기에서 이 돌과 호두검을 얻었던 거야. 검의 머리가 호랑이처럼 생겨서 호두검이라고 이름을 붙인 거지. 흥미로운 것은 이 돌은 그때 호두검이 꽂혀 있던 바위 모양과 같은 모양이래. 검의 머리에 이처럼 호랑이가 새겨져 있었고, 이 검이 바위에 꽂혀 있었는데, 돌 밑에 이렇게 흠이 파여 있는 것은 당시 호두금이 꽂혀 있었던 자리와 같은 모양이라고 <이순신 보물>에 기록되어 있지. 어쨌든 이 그림을 보셨던 장군께서는 그림을 나름대로 해석하셨데.

\- 어떻게요?

\- 밑에 있는 모양은 거북선인데, 앞에 있는 모양은 용머리의 모양이고, 위에 사람처럼 생긴 검은 모양은 바로 장군 자신이라고 생각하셨데. 장군께서는 자신이 그 용머리에 타서 호두검을 높이 들고 전투를 선두 지휘하는 모습이라고 생각하셨데.

\- 그렇게 말씀하시니까 돌에 있는 모양들이 그렇게 보이네요.

\- 그래서 장군께서는 이 모양을 보면서 함께 돌의 모양을 보고 있던 여러 사람과 이야기를 나누고 최종적으로 이렇게 결론을 내렸지.

> 이 호두검을 들고 진군하면
> 반드시 신인이 도울 것이며
> 반드시 승리하게 될 것이다

\- 그래요. 그렇게 생각하셨다고요?

\- 장군께서는 호두검을 자신에게 선물로 주신 분이 신인이라고 확신하게 되었데.

\- 당연히 그렇겠죠. 그날 밤 그렇게 계속해서 증표를 보여달라고 그랬다는데, 나타나서 말씀하시든지 아니면 무엇을 보여주셔서 자신이 조선을 구할 수 있다고 하는 확신을 달라고 했다니까. 이게 그렇게 해석되는 것은 당연하겠죠.

- 그냥 우연히 이 검을 발견해도 신기한 것이라고, 정말 대단한 것이라고 말할 수 있겠지만, 장군께서는 호두검을 보고는 단번에 이 검이 보통이 아닌 것을 알았지.
 - 어떻게요?
 - 이 검이 좌우에 날이 선 것은 특별한 검이었다는 것이지. 사실 당시에 좌우에 날이 선 검은 매우 드물었지. 사실 장군께서는 마리오 신부님이 주신 신약성경 중 요한계시록에서 신인이 **좌우에 날이 선** 특이한 검을 가지신 분이라고 기록되어 있는 부분을 읽으셨지. 그래서 장군께서는 자신에게 좌우에 날이 선 검을 주신 분이 신인이라고 확신했던 거야. 또 하나는 검의 재질이 당시에는 만들 수 없는 하늘에서 떨어진 돌 즉 운석이라는 것도 알게 되었던 거야.
 - 운석이라고요? 그것은 매우 비싸다고 하는데, 어떻게 장군이 그것을 그렇게 잘 알고 계셨죠?
 - 장군께서 그런 재질에 대해서 잘 아신 게 아니고, 장군님 서자들의 친구 중에 한 사람이 잘 알았지. 그는 우리 마을 바로 위쪽에 살고 있었던 그 청년인데, 그 청년이 바로 이런 재질에 대해서 잘 알고 있었던 사람이지. 그 청년이 살고 있던 곳 바로 옆에도 커다란 운석들이 여러 개 있지. 할아버지도 그것들이 운석인 줄 최근에야 알았지. 아무튼, 그래서 그 사람은 검의 날이 운석인 줄 단번에 알았던 거야. 그래서 동네 사람들은 그 청년의 이름을 '천혜'(天惠)라고 불렀지. 그 청년이 여러 가지를 분별하고 알려 주었기 때문에 이름은 따로 있었지만, 그 별명이 그 청년 이름이 되어버린 거야. 운석만이 아니었지. 여러 보석도 잘 알았던 그 청년은 어린 시절부터 특이했지. 글도 배운 적도 없었는데 글을 읽을 수 있었고, 책들을 읽은 적도 없었는데, 여러 책 내용을 알고 있었단다. 어떻게 그런 책 내용을 알게 되었는지는 그 청

년 외에는 아무도 몰랐지. 사람들은 하늘이 알게 해서 되었다고 '천혜'란 별명을 주었고 그 이름으로 불렀단다.

- 할아버지 이야기를 들으니 참 재밌네요. '천혜'라는 이름이 하늘이 알려줘서 알게 되었다는 의미군요. 저도 천혜라면 좋겠어요. 그러면 공부 안 해도 저절로 알게 되니까요.

- 하하하. 그렇다고 그 사람이 저절로 알게 되었다는 의미는 아니지. 사실 그 사람은 어린 시절 동네에서 왕따를 당하고 살았지. 그래서 동네 제일 뒤에 있던 움막에서 엄마와 함께 살았던 거지. 엄마는 별들을 보면서 점치는 사람이었데. 사람들은 그 사람 엄마에게 자신들을 위해 점을 쳐달라고 부탁하면서도 '점쟁이'라고 멸시했데. 당연히 아들도 어린 시절에는 아주 멸시했지. 점쟁이 아들이라고. 너도 **쟁이**는 멸시의 의미임을 잘 알고 있지.

- 그랬군요. 참 많이도 외로웠겠군요.

- 그랬지. 아무튼, 천혜가 장군에게 검의 재질이 운석이라는 것을 말씀드렸던 거야. 이렇게 장군은 이 호두검을 소유하게 되었던 거지.

- 그렇군요. 신기하고 재밌군요.

- 이 호두검은 그 후 장군의 손에서 떠난 적이 없었던 거야. <명량> 영화에도 나오지 않고 또 모든 기록에도 없지만, 장군께서 '진격하라' 명령을 내리실 때는 호두검이 항상 그분 오른손에 있었던 거지.

- 그랬군요. 처음 듣는 이야기네요.

- 이 돌을 봐라. 지금 여기 이 그림과 '진격하라'라고 외치시는 장군의 모습과 한번 연결해 봐라.

- 똑같이 보이네요.

- 그렇지. 바로 이것이야. 장군께서는 이 돌에 있는 사람 형상을 자신이라고 생각하셨고, 12척의 배로 싸운다고 해도 승리할 것이라고 확신

하게 되었지. 그때 한 척의 거북선조차도 없었지만, 신인께서 자신을 승리자로 세우실 것이라고 확신하게 되었던 거지.

- 이 돌을 보면서 그런 확신을 하게 되었다고요? 그럼 그 후에 장군님은 전혀 두려워하거나 불안하지도 않으셨겠군요.

- 어느 시점에서 확신한다고 해서 두려움과 불안감이 완전히 사라지는 것은 아니란다. 나도 오래전부터 확신하며 살아왔지만 때로는 두렵고 때로는 불안했지. 누구든지 구체적인 방법을 알거나 보지 못하면 두려움과 불안감은 계속된단다. 장군님 역시 그랬지. 그분도 사람이었으니까. 이 돌과 이 검을 보면서 신인께서 자신에게 승리를 주실 것을 확신했지만, 구체적으로 어떻게 주실 것인지를 알지 못했기에 내면 깊은 곳에서는 두려움과 불안감이 숨어 있었고, 그것들이 김처럼 피어올라 밖으로 나오기도 했단다.

- 그렇다면 언제 완전히 확신하셨을까요?

- 바로 정확히 한 달 후였지. 9월 15일 밤에 꿈을 꾸고 그런 확신을 가졌던 거야. 9월 15일 날 꿈에 대해서는 이미 이야기했지. 아무튼, **장군은 열선루에서 8월 14일 밤부터 '사즉필생(死即必生)' 즉 '죽고자 하면 반드시 살 것이다'라는 말을 가슴에 새겼던 거야. 이 말을 새겼기에 그다음 날 임금에게 보낼 장계를 열선루에서 쓰셨던 거지.** 장군께서 이 말을 가슴에 새겼던 것은 신약성경에 기록되어 있는 예수님께서 하셨던 말씀과도 연결되어 있지. 며칠 전에 낙안읍성에 가서 만났던 신부가 준 신약성경을 두 번 펴서 보았는데, 두 문장이 눈에 확 들어왔단다.

- 어떤 문장이죠?

나를 따라오려거든, 자기를 부인하고 자기 십자가를 지고 나를 따르라.
나를 믿으면 죽어도 살겠고, 살아서 나를 믿는 자는 영원히 죽지 아니하리라.

- 두 문장은 사실 저도 잘 알아요.
- 그렇겠지. 유명한 문장이니까. 아무튼, 그때 장군께서는 '죽어도 살겠고'란 숙어를 '죽고자 하면 살 것이다.'라고 보았단다.
- 정말이죠? 그러니까 장군의 그 말씀이 예수님 말씀과 조금 비슷하다고 생각했는데, 이제 좀 이해가 되네요. 진짜 할아버지 말씀처럼 그랬는지는 사실 확신하지는 못하지만요.
- 내가 꾸며낸 이야기가 아니라 소설 <이순신 보물>에 기록된 내용이란다. 아무튼, **'죽어도 살겠고'란 숙어를 '죽고자 하면 살 것이오'라는 숙어로 장군께서 바꾸셨다는 거지.**
- 할아버지께서 말씀해 주신 이야기가 참 재밌어요. 그것이 사실인지 허구인지 모르지만, 많은 것을 새롭게 생각하도록 해 주네요.
- 할아버지는 소설 내용만을 말하고 있는 거야. 만약 내가 <이순신 보물>이란 제목으로 소설을 쓴다면 좀 더 극적으로 쓰겠다고 지금까지 생각하며 메모해 왔지. 메모 분량만 해도 A4 용지로 300페이지 넘지. 아무튼, 네게 지금 말한 모든 내용은 불타버린 소설 <이순신 보물>에 있는 내용이지. 소설 안에 있는 내용 중 어느 것이 사실인지 어느 것이 허구인지는 나도 잘 모른다. 중요한 사실은 소설에 나오는 많은 보물 중에 몇 가지 보물을 내가 지금도 이렇게 가지고 있다는 거지.
- 역사 소설에는 사실과 허구가 적절히 섞여 있어야 더 재밌죠. 장군님 말씀이 예수님 말씀을 참고한 것이라는 내용은 그럴싸해요.
- 나도 그렇게 생각하고 있단다. 사실 소설의 이 내용만은 사실일 수 있지. 왜냐하면, 장군께서 명량대첩에서 결정적으로 승리할 수 있었던 것은 전투 전날 밤에 신인이 드디어 나타나셔서 **'이렇게, 이렇게 싸우라'**라고 말씀하신 것을 난중일기에 기록하셨기 때문이지. 그때 장군께서 이해한 신인은 신약성경에 기록된 예수님뿐이기 때문이지. 그 이전

에도 장군께서는 꿈을 자주 꾸셨지. 난중일기에 보면 조상들이나 죽은 가족들이 꿈에 나타났다고 자주 기록되어 있지. **그런데 신인이 꿈에 나타난 것은 그때뿐이지. 그리고 그때까지 장군께서 이해하고 계신 신인은 신약성경에 기록된 예수님만을 의미했지.**

- 정말 신기하네요. 다른 때가 아니라 전투 전날 밤이 되어서야 꿈에 신인이 나타나 말씀하시다니 정말 극적이네요. 그리고 신인이 말씀하신 내용대로 장군께서 싸우셨기에 승리할 수 있었음을 생각하니, 진짜 정말 신기하네요.
- 잘 생각해 봐라. 8월 15일 밤에, 아니 그 이전에, 그 이전 한 달 전에, 아니지 그보다 훨씬 이전 꿈에 신이 나타나셔서 장군께 말씀하실 수도 있었을 거야.
- 그렇겠죠.
- 근데 내일 싸워야 하는데, 오늘 저녁에 꿈에서 나타나셨던 거지.
- 참 극적이네요.
- 그래 신인이라는 분은 우리 각자 인생사에 있어서 또 역사에 있어서 극적인 드라마를 연출하실 때가 있는 거야.
- 할아버지에게도 그렇게 하셨던 때가 많았겠죠?
- 그렇지. 네가 그렇게 질문하니까 작년에 큰 삼촌과 대화했던 내용이 생각나는구나. 그때 삼촌도 너처럼 똑같이 말하더구나.
- 그래요? 작년 4월 28일에 삼촌과 나눈 대화가 궁금해요.
- 내가 그때 나눈 대화를 기록해 두었지. 나중에 <이순신 보물>을 쓸 때 사용하기 위해서였지.
- 그 내용이 궁금해요. 보고 싶어요.
- 그때 나눈 대화는 항상 장군님의 **겸손**을 생각하도록 하지.

겸손(謙遜) : 말씀을 따름

명량해전은 12척 혹은 13척의 배와
333척의 배의 전투가 아니었습니다.
명량해전은 1척 배와 333척 배의 싸움이었습니다.
그리고 1척의 배가 승리하고 있었기에
11척 혹은 12척의 배가 싸움에 가담했습니다.
1척 배의 승리가 명량해전 승리의 원천이었습니다.
그 승리는 바로 신인(神人)의 말씀대로 싸운 결과입니다.
신인(神人)은 장군께 그렇게 싸우라고 꿈에서 말씀하셨습니다.
명량해전은 전적으로 신인(神人)이 준 행운이었습니다.
그래서 장군께서는 **천행**(天幸)이라고 기록하셨던 것입니다.

저는 이 사실을 알리기 위해서 <이순신 보물>을 써 왔습니다.
명량해전의 승리에 대해서는 두 문장으로 요약할 수 있습니다.

장군께서는 자신보다 더욱 지혜로운 신인이 계심을 믿었다.
장군께서는 **신인**(神人)이 말씀하신 대로 전투했기에 승리했다.

- 나는 지금 몇 년 동안 명량대첩의 승리가 신인의 도우심으로 가능

했다는 점을 강조해 왔지. 그런데 사실 신인의 도우심만큼 중요한 것이 또 있음도 강조하고 있지. 그것은 바로 장군의 겸손이지. 장군의 겸손이란 장군님께서는 신인의 말씀대로 최선을 다했다는 의미지. 내가 강조한 겸손이란 할 수 있는 것에 최선을 다한다는 거지.
- 한 마디로 겸손은 최선을 다하는 거네요.
- 우리 손자가 정리를 매우 잘하는군. 겸손이란 가장 중요한 점은 신인의 말씀대로 최선을 다하는 거지. 자기의 생각으로 그분 말씀을 가감하지 않는 거지. 신인의 말씀 중에 실현 불가능하게 생각되는 것도 최선을 다해서 하는 거지.
- 맞아요. 할아버지 말씀을 들으니까 이제는 장군께서 홀로 싸우셨던 이유를 잘 알겠어요. 며칠 전에 영화 <명량>에 출연했던 배우가 했던 말이 생각나요. '장군께서는 그렇게 큰 두려움 가운데서 어떻게 그렇게 선두에서 싸우실 수 있었는지, 아무리 생각해도 지금도 이해가 되지 않습니다.' 이제야 명확해졌어요. 장군께서는 신인의 말씀을 따라 최선을 다하셨다는 할아버지 말씀은 참 중요하다고 생각합니다. 그리고 그렇게 최선을 다하는 것이 겸손이라는 정의가 매우 중요하게 생각됩니다.
- 겸손이란 의도적으로 자신을 낮추는 것이라고들 생각하지. 그러나 그것 역시 가장된 교만일 수 있지. 진짜 겸손은 자신을 객관화시키는 것이지. 장군께서는 자신의 모든 지혜를 동원해도 전투에서 승리할 수 없다는 것을 아셨지. 만약에 장군께서 자신의 지혜대로 전투했다면 꿈에서 신인이 나타나 말씀하셨다는 내용을 기록하지도 않으셨을 거야. 또 전투에서 승리했다는 것을 천행이라고도 기록하지도 않으셨겠지. '꿈에 나타나 말씀하신 신인의 말씀대로 최선을 다해 싸웠더니

승리하게 되었다.' 장군께서는 이것을 천행이라고 기록하신 거지. 불가능한 일이 가능케 됨은 전적으로 신인의 도우심 때문이라고 인정하는 것이 겸손의 시작이지. 물론 그렇게 인정하는 사람은 최선을 다해서 그 일을 행해야만 하지. 신인과 연결해서 겸손을 한마디로 말한다면 신인의 말씀을 따라 최선을 다하는 것이지.

- 할아버지께서 무슨 말씀을 하시는지 잘 알겠어요. 결국, 신인을 믿는다고 고백하는 사람이 겸손하게 살려면 신인의 말씀을 바르게 이해하는 것이 가장 중요하네요. 최근에도 수많은 가짜 목사들이 신인의 생각이라고 외치는 모습을 보면서 정말 불쌍하다는 생각이 들었어요. 어제 4일 헌재의 판결이 난 다음에도 거짓을 외치는 목사들이 있더군요. 정말 불쌍했어요.

- 우리는 겸손하게 살아가는 것이 가장 큰 복임을 알아야 한다. 신인을 믿고 산다고 고백한 사람 중에 정말 교만한 사람들이 많음을 나는 어린 시절부터 보아왔다. 최근 만났던 사람 중에서도 그런 사람들이 있었지. 아무튼, 신인의 말씀을 바르게 이해하고 그 말씀을 따라 최선을 다해 사는 것이 겸손이라고 생각하며 살고 있다.

- 할아버지께서 지금 강조하셨던 내용을 할아버지께서 설교하신 것에서도 들었어요.

**할 수 있는 것은 최선을 다하고
할 수 없는 것은 하늘에 맡기라**

이렇게 살아가는 것이 최고의 삶이라고 강조하셨던 것을 지금도 잊지 않고 있어요.

- 그 설교는 10년 전에 인터넷에 올렸는데, 너도 그것을 봤구나. 최고 잘 사는 것은 겸손하게 사는 거지. 나는 명량해전을 연구한 다음 장

군께서 최고 겸손하게 사셨던 분이라고 생각하게 되었지. 한 마디로, 명량해전 승리는 겸손한 장군님이 받은 상급이었지. 그 상급을 지금 우리도 함께 누리고 있지.

- 할아버지의 말씀을 들으니까 지도자의 겸손이 정말 중요하네요.
- 그렇지. 많은 사람의 본이 되어야 할 지도자의 겸손은 매우 중요하지. 지도자의 겸손은 그 지도자가 속한 공동체를 더욱 부유하게 만들 수 있지. 지도자의 겸손은 공동체를 보다 아름답게 만드는 최고의 보물이지.
- 그런데 겸손하게 사는 지도자는 외롭다면서요.
- 누가 그렇게 말했지.
- 큰 삼촌이 그렇게 말했어요. 할아버지께서 그렇게 자주 말씀하셨다고요.
- 그랬구나. 매우 외롭지. 장군님처럼 말이지.
- 장군님도 매우 외롭게 사셨나요.
- 그랬지. 주위에 여러 사람이 있었지만, 장군님은 그 사람들에게 말할 수 없는 것들을 품고서 외롭게 사셨지. 나도 때때로 그분의 심정을 이해하기도 하지. 사실 지금도 외롭단다. 내 주위에 누구에게도 말할 수 없는 내용을 가슴 깊은 곳에 품고 살고 있기 때문이지.
- 할아버지, 그것을 제게 말씀하시면 되잖아요.
- 네게 말해도 되겠지. 그러나 말할 수 없는 내용이란다.
- 왜요?
- 너도 나 정도 나이가 되면 내 말을 이해하게 될 것이다. 사실 어떤 내용은 신인에게만 보여드릴 수 있단다. 네게 말하지 않는 이유는 너를 위해서지. 물론 나 자신도 위해서지. 내가 지금 무슨 말을 하는지

네가 60세가 넘으면 자연스럽게 알게 될 거야.
- 무슨 말씀인지 모르겠어요. 그러면 조금 전에 약속하셨던 대로 큰 삼촌과의 대화 내용을 말씀해 주세요.
- 그 대화 내용은 컴퓨터에 기록해서 보관하고 있단다. 서재로 가서 보여줄게. 어쩌면 대화 내용을 읽으면 할아버지의 외로움이 무엇인지 감 잡을지도 모르겠다.
- 그 내용이 궁금해요. 어서 보고 싶어요.
- 자, 여기 있다. 그때 나눈 대화는 이랬지.

"아빠에게도 장군님이 경험하신 것과 같은 그런 극적인 순간이 많이 있었다. 그렇지, 어쩌면 너에게도 극적인 드라마가 많이 펼쳐지겠지. 내가 2011년에 고향 집에서 이 호두검을 발견했을 때도 그랬고, 한 달 전에 여기 미국에 와서 이 돌을 다시 발견한 것도 극적이지. 사실 이곳에 오기 전에도 이 돌이 어디에 있을까 자주 생각했었지. 그런데 아무리 생각해도 어디에 두었는지 생각나지 않았지. 그리고 지금 4월 28일 오늘 새벽에 또 이 돌이 미국 여기에서 이렇게 옛날 이순신 장군님께서 신흥동산 꼭대기에서 발견하셨던 모습으로 다시 나타나게 되는 순간을 지켜보는 것도 그렇다.

이게 바로 신인이 만드신 극적인 드라마가 아니겠냐. 어제만 해도 없었던 이 형상이 4월 28일 새벽이 되자 이렇게 나타나서 나에게 소설 <이순신 보물>에 기록되어 있는 내용 전부를 다시 기억나도록 하고, 그 내용을 너에게 이렇게 이야기할 수 있게 한다는 것은, 이것은 정말 신인의 극적인 역사드라마라고 생각한다."

"아빠, 아빠 이야기를 들으면서 어떤 것이 진짜일까 생각하고 있어요."

"그래야지. 매 순간 그렇게 생각하며 정리하는 것이 중요하지. 확실한 것은 내가 많은 기억을 잃어버렸음을 네가 젤 잘 알 것이다. 남들은 잘 모르지만, 너만은 아빠가 영어도 얼마나 잘했는지, 또 얼마나 많은 외국어를 읽고 해석할 수 있었는지 잘 알 것이다.

 그런데 지금 내가 생각해도 참 신기해. 내가 그런 모든 것들을 다 잊어버리고 살고 있다는 게. 소설 <이순신 보물>도 중학교 1학년 때 정독하며 읽어서, 내용을 다 기억하고 있었는데, 1980년 5.18 운동 후 1984년 고문받아 대수술 받은 후 내용 대부분을 잊어버렸지. 또한, 2010년에 교회공동체 안의 여러 문제로 극심한 고통 가운데 있었던 때에 남아있던 기억조차도 다 사라지고 말았던 거지.

그런데 신인께서는 때가 되면, 그분의 계획 속에 있는 시간이 될 때면, 내게 특별하게 역사하시면서 과거를 극적으로 기억나게 만드셨던 거야. 지금 이렇게 돌에 형상이 나타나게 하셔서 과거를 기억하게 하신 것처럼, 앞으로도 또 어떤 것들을 기억하게 하실지 모르겠지만, 신인께서 앞으로도 극적으로 역사하시리라고 생각하고 있지.

 지금 내가 가능하다면 대학교 때까지 배웠던 모든 한자를 다 기억하고, 한자로 기록된 고전들을 한글 읽은 것처럼 읽을 수 있다면 얼마나 좋을까 생각한다. 그러면 지금 정리하고 있는 <이순신 보물>을 좀 더 잘 정리할 수 있을 거라 생각이 들기 때문이지."

"아빠, 지금이라도 한자를 새로 배울 수 있잖아요."

"아니다. 아빠는 어떤 단어를 암기하면 다음 날 하나도 기억하지 못한다. 한자도 새롭게 배워도 다음 날이면 모두 잊어버린다. 사실 그게 참 신기할 뿐이다. 아무튼, 여기 와서 돌에 있는 이 형상을 보면서 이순신 장군께서 호두검을 어떻게 해서 갖게 되었는지를 기록한 소설 <이순신 보물> 내용이 모두 생각나게 되었으니 너무 감사할 뿐이다. 내가 <이순신 보물>이라는 소설을 쓰겠다고 생각한 지도 꽤 오래되었는데, 그 내용이 점점 더 많아지고 구체화 되고 또 더 재미있어진다는 것은 정말 신나는 일이다. 지금 나를 이끌어가신 그 신인의 특별한 인도를, 특별한 섭리를, 특별한 역사를 새삼스럽게 느끼며 감사하고 있다. 스스로 생각해도 이런 모든 일은 기적이다."

"아빠는 하여튼 특이한 사람이에요. 여러 가지로 특이해요. 아니, 특별하죠."

"그렇게 생각하니 감사하다. 아빠는 모든 것에는 다 꼴등이라도 좋다. 그러나 이것만은 1등 하고 싶다. 신인의 말씀을 정확히 이해하고, 그 말씀대로 사는 데만은. 그리고 그 말씀대로 산다고 할 때 나와 함께 살아가는 사람들을 나처럼 행복하게 도와주고 싶다. 오직 그 일에만은 1등 하고 싶다."

"아빠는 그렇게 사시잖아요. 그런데 아빠는 정말 행복하세요?"

"행복하지. 그런데 왜 그런 질문을 하지?"

"아빠 주위에 아빠를 괴롭히는 사람들도 있잖아요."

"많이 있지. 원래의 기독교를 전하는 나를 미워하는 목사들이 많지. 그리고 특별히 어떤 사람이 정말 너무 힘들게 하잖아. 아들 네가 그 사람이 누구인지 잘 알지. 그러나 나는 그런 사람들 때문에 불행하지 않기로 결단하고 이렇게 살아내고 있지. 어느 순간은 너무도 힘들어 세상을 떠나고 싶은 순간도 있지만, 신인과의 관계 속에서 너무도 행복한 사람이라고 생각한다."

"아빠가 이렇게 말씀하신 것을 잊지 않고 있어요. '너를 이해하지 못하고 미워하는 사람들 때문에 슬퍼하지 말고, 너를 이해하고 사랑하는 사람들 때문에 기뻐하라.' 아빠는 아빠의 말씀대로 지금 사시네요.
"그렇지. 자신부터 실천한 것이 중요하기 때문이지. 그런데 사실 나는 현재 많은 점에서 정말로 부자다. 그래서 나를 알고 있는 사람들은 이렇게 말하지. '교수님이 진짜 부자네요. 우리가 알고 있는 사람 중에 가장 부자네요. 비록 지금 현금은 없다고 할지라도, 교수님에게는 현금으로 바꿀 수 있는 것이 매우 많네요. 제가 아는 사람 중에서는 젤 부자네요.' 이렇게 말하는 사람들은 또 이렇게 말하지. '교수님은 다 가졌네요. 교수님을 닮기를 원하는 사람들도 2명 이상이고, 이런 값진 것들도 가졌으니 정말 부럽습니다.' 이런 말을 주위 사람들에게 들을 수 있으니 얼마나 감사한지 모른다. 물론 친인척들은 아직도 나를 무시하지만 말이다. 아무튼, 이제는 내가 사랑하는 사람들에게 물질까지도 나눠줄 수 있게 되었으니 정말 감사하다. 무엇보다 많은 사람을 부유하게 살도록 환경을 만들어가고 있는 것이 가장 감사하다. 그리고 신인이 나와 함께하는 사람들을 통해서 내가 꿈꾸는 그 이상으로 이루어 갈지 모를 일이다. 나는 내가 무엇을 하겠다고 생각한 적 없다, 1984년도 이후 나는 '내가 무엇을 하겠다'하는 생각을 단 한 번도 한 적도 없다. 그때 죽음의 문턱에서 살아 돌아온 경험을 했던 나는 그때부터 신인의 인도하심을 따라서만 살기로 작정했다. 나도 이순신 장군처럼 신인의 말씀대로 그분 인도하심을 따라서 살기로 한 것이다. **지금도 신인께서 '이렇게 이렇게 하면 된다.'라고 말씀하실 수 있음을 잘 알고 있다. 그리고 신인께서는 '그러나 이렇게 이렇게 하지 않으면 반드시 안 된다.'라고 말씀하실 수도 있다.** 나는 지금도 신인의 말씀을 따라서만 살아가려고 매 순간 그분 말씀에 귀를 쫑긋하고 있다."

"그래서 일어나시면 NIV 성경을 틀어 놓고 잠들 때까지 들으시는군요."

"그렇다. 신인은 다른 말씀으로 찾아오신 분이 아니다. 이미 말씀하셨던 것을 오늘 현장에서 적용할 수 있도록 역사하신다. 잠들어 꿈에서가 아니라, 깨어난 현실에서 신인의 음성을 듣는 것이 더 중요하다. 아무튼, 나는 바울 사도께서 고백하신 것처럼 다른 사람을 이롭게 하는 것, 그래서 함께 행복해지는 것을 위해 최선을 다하고 싶다. 내가 계속해서 강조한 무소유도 아니고, 그렇다고 해서 사유도 아니고, 공소유 생활을 하고 싶다."

"아빠께서 강조해 오신 공소유를 실천하고 싶으시군요. **공소유가 각자의 사유를 인정하면서도 그 사유를 함께 기쁘게 사용할 수 있는 공유의 시스템을 말한 것임**을 잘 알아요. 아빠의 꿈이 속히 이루어지길 바랄 뿐입니다."

"고맙다. 아들 너는 네가 하고 싶은 것을 기쁘게 최선을 다해서 하라. 아빠는 신인의 인도하심을 따라 최선을 다해서 할 것이다. 그분의 말씀을 따라 끝까지 살아가고 싶다. 그분께서 내 마음에 주신 '많은 사람을 부유하게 살도록 돕는 일'을 끝까지 해 보고 싶다. 오늘 여기까지 이야기하자. 잘 들어줘서 고맙다."

- 할아버지의 외로움이 무엇인지 조금은 감 잡았어요.
- 무엇인데?
- 사랑하는 사람들을 더 행복하게 살도록 돕고 싶은데도 그렇게 할 수 없기 때문이죠? 좀 더 구체적으로 말씀드리자면, 현금이 없기 때문이죠. 현금이 없어서 가장 가까운 사람들에게 무시당하는 것 때문에

외로우신 거죠?
- 네가 조금은 이해하는구나. 그것이 전부는 아니지만, 맞다.
- 할아버지께서 제게 외로운 이유를 말씀하지 않으신 것은 제가 도울 수 없다고 생각하시기 때문이죠? 맞아요. 할아버지. 저는 돈으로는 전혀 도울 수 없어요. 그렇지만 저는 할아버지에게 돈보다 중요한 제 마음을 드릴 수 있어요. 저는 할아버지께서 돈이 없으셨기 때문에 저와 함께 이처럼 대화할 수 있다고 생각해요. 만약에 할아버지께서 돈이 많으셨다면 사람들이 할아버지를 이렇게 지내도록 하시겠어요. 오늘 토요일이지만, 저와 대화를 할 수 있는 것도 사실은 할아버지께서 현금이 없어서 가능해요. 그래서 저는 지금의 할아버지가 좋아요.
- 고맙다. 가난한 할아버지를 이처럼 사랑해 주니.
- 무슨 말씀이죠? 저도 할아버지가 얼마나 부자인 줄 잘 알고 있어요. 현금이 없다고 해서 기죽지 마세요. 그리고 할아버지께서 가지고 계신 것들이 현금으로 교환되는 그때에는 어쩌면 지금처럼 저와 대화하는 시간을 매우 그리워하실지 몰라요. 참, 할아버지께서 가지고 계신 마패에 관해서 이야기해 주세요. 그것이 소설 <이순신 보물>과 깊은 관계가 있다고 말씀하셨잖아요.
- 3년 전부터 올해 2025년 4월 2일에까지 정리해 놓은 것을 읽어보렴. 이 부분을 읽으면 마패에 관해서는 어느 정도 이해하게 될 거야. 그리고 할아버지에게 있는 이 마패가 순종의 상징이란 의미도 잘 알게 될 거야. 한 마디로 이 마패는 이순신 장군님의 말씀을 따라 살았던 장군님 후손들의 순종을 보여주고 있지.
- 마패가 순종의 상징이라고요? 무슨 말씀인지 쉽게 설명해 주세요.
- 이 마패는 이순신 장군님의 서자들과 그 서자들의 친구들이 이순신

장군님의 유언을 따라 살았기에 생긴 거지. 소설 <이순신 보물>에 장군님께서는 여러 보물을 숨기시면서 4명에게 이렇게 말씀하셨다고 기록하고 있어.

**나라가 어지럽게 될 때면 이 보물들이 필요할 거다.
나라를 바로 잡을 수 있도록 보물들을 잘 사용해라.
어떤 어려움이 있더라도 내 말대로 실행해야 한다.**

- 아! 그런 말씀을 하셨군요.
- 4명은 장군님의 유언대로 보물들을 한양으로 옮기기 위해 최선을 다했지. 그 보물을 한양으로 옮기는데 얼마나 어려웠는지는 간단하게 설명할 수 없지. 한 마디로 순종은 목숨을 바칠 각오를 한 사람들만 할 수 있지. **나도 지금 내게 극적으로 보여주신 수많은 금강석을 가지고 신인에게 어떻게 순종할 것인지 항상 고심하고 있다.**
- 할아버지의 설명을 들으니 마패가 순종의 상징이고 금강석도 순종의 상징이라는 의미를 잘 이해할 수 있겠어요.
- 사실 어사들이 마패를 갖고 다닌 것도 그 마패가 왕의 말씀에 대한 순종을 의미하지. 그리고 그 마패를 보고 어명을 받드는 백성들 역시 순종하는 거지. 한 마디로 마패는 순종의 상징이지. 나는 어린 시절부터 마패를 가지고 다녔는데, 마패가 순종의 의미임을 알고 난 다음부터 소중하게 간직하였지. 나 역시 신인에게 순종하는 의미로 마패를 지금까지 소중하게 간직하며 살았지. 철도박물관에서 만났던 분이 마패를 고액으로 사겠다고 했을 때도 팔지 않았던 것도 순종의 상징이었기 때문이지. 지켜야 할 것을 지키는 것이 순종이니까. 사실 순종한다는 것은 쉽지 않지. 특히 홀로 순종해야 할 때는 목숨을 잃을 각오도 해야만 하지. 홀로 순종할 때에는 명량에서 싸우신 장군의 심

정을 이해할 수 있지.
- 무슨 말씀인지 잘 알겠어요. 이제 할아버지의 글을 읽어볼게요.

<이순신 보물>은 돈으로 환산불가(換算不可)이다.
 이순신 장군과 관련된 많은 것이 귀한 보물임을 알았고 그 모든 것은 돈으로 환산할 수 없는 것임을 알게 되었다. 그 모든 보물 중에서도 가장 귀한 것이 무엇일까 생각해 보았다. 그것은 이순신 장군이 가장 소중하게 여겼던 것이라고 결론 내렸다. 그리고 장군께서 가장 소중하게 여겼던 것을 발견하게 되었다. 바로 난중일기 속에서였다. 그것은 바로 **神人의 도우심** 즉 '**天幸**'이다.

 또 하나의 관심은 **마패**였다.
 내가 마패에 관심을 가지기 시작한 것은 상당히 오래전이었다. 언제부터인가 모르지만, 우리 가문에는 몇 개의 마패가 있었다. 특이한 마패가 두 개 있는데, 모두 1624년 3월에 만들어진 것이다. 그중에 하나는 다른 마패들과 달리 지름이 8cm이다. 금속으로 만들어진 마패 중 지금까지 발견된 모든 마패는 지름 10cm이다. 그래서 마패 전문가들도 마패의 지름이 10cm인 줄 알고 있다. 그런데 가문에 내려온 마패는 지름이 8cm이다. 나는 마패를 보면서 확신했었다. 만들어진 재질도 상당히 좋았고, 아주 오랫동안 사용했던 흔적도 있어서, 어사가 사용했던 마패라고 말이다. 그런데 인터넷에 올라온 자료들을 통해서 마패를 자세히 연구한 다음 어사가 사용했던 것이 아닌 소위 '짝퉁'임을 알게 되었다. 내가 보관하고 있는 것은 철도박물관에 있는 것 중 말이 하나 있는 것과 같다. 내가 마패를 먼 장소에 보관하고 있는데 나중에 가져

오면 보여주마.

 그리고 지금까지 어사가 사용하지 않았던 마패 즉 짝퉁 마패가 셀 수 없이 많이 나타났다. 나타난 짝퉁 마패 대부분은 일제강점기 때 만들어져서 부적처럼 사용했다. 어떤 골동품 사장님이 내게 감정해 달라고 보낸 것도 일제강점기 때 만든 것이었다. 바로 이것이다.

 이렇게 생긴 마패가 대부분이다. 이런 마패를 어사가 사용한 것으로 생각하는 사람이 많다. 그러나 이것은 일제강점기 때 만들어진 것이다. 누군가 일제 총독부의 허락을 받아서 수많은 짝퉁을 만들어 팔았다. 짝퉁 마패들을 팔았던 장본인이 누구인지 모르지만, 그 장본인은 일제 총독부 관리 아래서 특권을 얻었던 자였다.

 조선 시대에도 수많은 짝퉁 마패가 만들어져서 다양한 계층의 여러 사람이 가지고 있었다. 인터넷에서 짝퉁 마패를 쉽게 볼 수 있다. 오른쪽이 어사가 사용했던 마패다.

https://009448.tistory.com/16143947

 그런데 짝퉁 가운데 어사가 사용했던 마패처럼 글자도 같은 모양으로 아주 정교하게 만든 마패가 있다. 내게 있는 것 중에서도 어사가 사용했던 마패처럼 보인 것이 있다.

글자만 보면 분명히 어사가 사용했던 마패와 같다. 보통 사람들은 이것을 어사가 사용한 마패라고 생각한다. 그러나 이 마패 역시 어사가 사용한 것이 아니다. **특이한 점은 이 마패는 보통 마패보다 2배 정도 두껍다. 그러니까 보통 다른 마패보다 2배의 무게라는 의미다.** 왜 2배의 무게일까? 나는 2023년이 되어서야 그 이유를 분명하게 알게 되었다. 그 이유는 이것을 가지고 무기로 사용했기 때문이었다. **중국무술영화에 나오는 것처럼, 마패에 쇠줄을 달아서 돌리면서 공격해 오는 자들을 물리쳤다.** 소설 <이순신 보물>에 나온 내용인데, 자세한 설명을 나중에 할 수 있으면 좋겠다.

그런데 그 많은 짝퉁 마패를 누가 왜 어떻게 무엇을 위해 만들었는지 전혀 모른다. 마패 전문가들은 조선 시대에도 수많은 짝퉁 마패가 만들어졌다고 주장한다. 마패를 주조한 것이 알려지면 사형당할 수 있었는데, 누가 감히 그런 무모한 짓을 했을까? 한 개 두 개도 아니고 수백 아니 수천 개의 마패를 모방할 수 있었을까? 마패 전문가들이 모르는 이 비밀을 소설 <이순신 보물>에 기록되어 있다. 내가 그 비밀을 발설하면 아마도 기절하는 사람들이 생길 것이다. 그래서 이 부분만은 밝히지 않으려고 한다. 어쩌면 내가 <이순신 보물>을 소설로 쓰고, 그것을 읽는다면 알아차릴 수도 있을 것이다. 그러나 현재는 내가 소설을 정리할 단계는 아니다.

무엇보다 이해하기 힘든 점은 조선 시대 만들어진 짝퉁 마패들 대부분이 200년 이상이 되었지만, 골동품으로는 인정되지 않는다는 점이다. 매우 좋은 고급 재질로 아무리 정교하게 만들어진 것이라고 할지라도 짝퉁이란 이유로 헐값에 매매될 뿐이다.

나는 수년 전부터 마패를 연구할 때 두 가지가 매우 궁금했다.
1. 조선 시대 어떻게 짝퉁의 마패들을 만들고 그것들을 간직할 수 있었을까?
2. 총독부는 무슨 이유로 어사들이 사용한 마패가 아닌 짝퉁을 복제해서 팔도록 했을까?

내가 소유하고 있는 지름 8cm인 마패의 가치를 알기 전에는 이런 궁금증들을 완전히 해결할 방법은 어느 곳에도 없었다. 의왕시 철도박물관에 있는 10개 마패를 친히 눈으로 보고 난 다음에야, 그리고 박물관 관장님과 대화를 나눈 다음에야 내가 소유한 마패의 가치를 알기 시작했다. 그리고 철도박물관에 있는 마패들을 궁금하게 여기고 있던 사람들을 만나 그들과 대화를 나눈 다음에 새로운 눈이 떠졌다. 그리고 그때 사라져 버렸던 마패와 관련된 많은 기억이 되살아났다. 되살아난 기억들은 중학교 1학년 때 읽었던 소설 <이순신 보물>에 기록되어 있던 내용이었다.

다른 목적도 있지만, 마패 연구에 심취하고 있던 그때 나는 의왕시 철도박물관에 있는 10개의 마패가 값을 매길 수 없는 보물임을 알고 있기에, 그것들을 소개하고 싶어서 <이순신 소설>을 쓰려고 했다. 사실 박물관에 있는 10개의 마패가 어사들이 사용했던 것이 아니라 소유 '짝퉁들'인 점은 매우 중요하다. **그중에서도 6 마패부터 10 마패는 그곳에만 있다는 점은 정말 중요하다.**

 1 마패가 내가 보관한 마패와 같은 모양이다. 그런데 내가 보관한 마패는 사용한 흔적이 많고, 박물관에 있는 마패는 사용한 흔적이 없다. 그리고 사실 6 마패부터 10 마패가 있다는 문헌이 있다지만, 어사들이 사용했던 것과 같은 종류로 만들어진 6 마패부터 10 마패 중 어느 것도 철도박물관 외의 어느 곳에서도 발견되지 않는다. 모든 것 중에서도 왕만이 사용할 수 있는 10 마패가 실재한다는 점은 매우 중요하다. 철도박물관에 있는 10개의 마패 사진을 보면서 내 이야기를 듣기 바란다. 이 10개 마패 중에서 10 마패를 주목해야만 한다.

 왜냐하면, 10 마패는 왕만이 사용할 수 있었기 때문이다. 그런데 만약 1624년 3월이나 그 후에 이 마패를 어떤 사람이 만들거나 왕이 아닌 사람이 소장하고 있었다면 역모죄로 3대가 멸망 당하고 당사자는 산채로 살을 벗겨 죽이는 능지처참(凌遲處斬) 형을 당했을 것이다. 이 마패를 소유한 것은 자신이 왕이라는 의미이기 때문이다.

내가 관장님을 만나기 전에 박물관에 있는 10개의 마패를 손으로 만져본 사람은 아무도 없었다고 한다. 관장님도 나에게 보여주기 위한 그때 처음으로 마패를 만져본다고 말씀하셨다. 나는 모든 마패를 만지면서 사진을 찍었다. 그리고 관장님에게 이렇게 말씀드렸다.
"잘 간직하셔야 합니다. 여기 10개의 마패는 세상의 어떤 보물보다 더 소중하기 때문입니다. 마패 하나가 천억 이상의 가치를 가질 수 있기 때문입니다."
 내가 이렇게 말한 이유를 아는 사람은 없다. 사실 나는 어린 시절 작은 집 형이 갖고 있던 소설 <이순신 보물>에서 10개의 마패가 만들어진 이유를 읽었기 때문이다. 나는 철도박물관에 있는 10개의 마패를 보면서 어린 시절 읽었던 소설 <이순신 보물>에 기록된 내용이 사실임을 알게 되었다. '10 마패가 있다.'라고 기록된 내용을 소설이라고만 생각했던 내용이 사실임을 알게 되었던 그 순간, 나는 전율을 느꼈다. 그때 철도박물관 관장님이 열쇠로 마패를 보관한 곳의 자물쇠를 열면서 내게 이렇게 말씀하셨다.
"이것을 조선 시대 어떤 대감이 만들었다고 전해지고 있습니다. 그런데 왜 이것을 만들었는지는 전해지지 않고 있습니다."
 나는 관장님에게 내게 있는 마패를 보여드렸다. 관장님은 내가 소유한 마패를 보신 다음 이렇게 말씀하셨다.
"아! 10개 마패의 원판이 진짜 있군요. 교수님께서 가지고 계신 마패는 누군가 오랫동안 사용했던 흔적이 아주 뚜렷하네요."
 나는 관장님에게 10개의 마패가 왜 만들어졌는지를 자세히 설명하지 못했다. 그때는 설명할 시간이 없었기 때문이다. 왜냐하면, 그때 관장님 친구라는 분이 다가와서는 내게 있는 마패를 보고 싶다고 말했다.

그 사람이 내 마패를 보고는 매우 신기하게 생각하고 있던 때, 잠시 후 또 다른 사람이 내게 다가와서는 마패를 팔라고 말했기 때문이다. 나는 그럴 수 없다고 말한 다음 그 사람과 대화를 마친 후 그 자리를 떠나왔기 때문이다. 아무튼, 내가 만약 소설 <이순신 보물>을 알지 못했다면 아마 지금도 이렇게만 추측하고 있을 것이다.

'조선 시대 왕이 아닌 누군가 10 마패를 소유하고 있다면 모반죄로 사형을 당했을 것이다. 그런데 왕이 아닌 누군가 이것을 만들었고 소장했다면 분명 아주 중요한 이유가 있었을 것이다. 왕도 10개의 마패를 만들 수 있도록 허락할 만한 어떤 이유가 있었기에 이것을 만들었고 소장했을 것이다. 만약 어떤 선한 이유가 있어서 만들었다면, 짝통의 10개의 마패는 값으로 환산할 수 없는 가치를 가졌을 것이다.'

이렇게 추측한 이유는 내가 소유한 마패가 환산 불가의 가치가 있음을 그때 알았기 때문이다. 내게 마패를 팔라고 했던 사람에게 내가 이렇게 말했다.

"백억을 달라고 해도 사실 겁니까?"

그러자 그 사람이 내게 말했다.

"천억을 달라고 해도 사겠습니다."

나는 그 사람이 그렇게 말한 이유를 잘 알고 있다. 그 사람은 내게 이렇게 말했다.

"교수님이 갖고 계신 마패는 우리 조선의 역사를 이해하는데 있어서 결정적인 역할을 할 수 있습니다. 그래서 저희 가문에서는 박물관에 10개의 마패를 기증한 다음 이것들의 원판이 나타날 날을 기다리고 있었던 것입니다."

나는 그때야 10개의 마패를 기증한 가문이 그 사람의 가문임을 알았다.

"우리 가문에서는 10개의 마패가 어떻게 해서 만들어졌는지를 잘 알고 있습니다. 그것들이 만들어진 내용을 일제강점기 때 소설로 썼다는 점도 잘 알고 있습니다. 그 소설 제목이 <**이순신 보물**>이라는 점도 알고 있습니다. 물론 저는 그 소설을 본 적은 없습니다. 그러나 그 소설 내용은 어느 정도 알고 있습니다. 제 할아버지께서 제가 어릴 때 자주 말씀해주셨기 때문입니다. 교수님이 갖고 계신 마패가 1624년 3월에 만들어졌고 그것이 그 후 어떻게 해서 행운의 상징이 되었는지도 잘 알고 있습니다. 그래서 제가 그것을 사고 싶어서 원판이 나타났기를 기대하며 이곳에 10개 마패를 기증했던 것입니다. 박물관을 관리하는 모든 사람에게 혹시 10개 마패의 원판이 나타나면 꼭 알려달라고 부탁했는데, 조금 전 전화를 받고 이렇게 급히 왔던 것입니다."

나는 그때 자신을 골동품 사장이라고 소개하며 내게 명함을 주신 그분이 갑자기 나타난 것이 누구의 전화를 받았는지 묻지 않았다. 골동품 사장님은 내가 마패에 관해 아무것도 모른 사람이라고 생각했는지 계속 설명했기 때문이다. 설명의 요지는 이 문장에 있다.

"한 마디로 교수님께서 가지고 계신 마패가 행운의 상징이었기 때문에 일제강점기 때 총독부에서 그 글자대로 마패를 만들어 팔게 했던 것입니다. 물론 숫자는 쉬운 모양을 선택했고, 마패 크기는 어사들이 사용했던 마패의 크기와 같이 10cm로 만들었던 이유는 당시 대부분 조선 시대에 만들었던 10cm 크기의 마패를 갖고 있었기 때문이지요. 일제강점기 때에 지름이 8cm인 마패가 있음도 대부분은 모르니까요. **물론 지금도 마패를 연구하는 사람 중에서도 지름이 8cm가 있다는 사실을 아는 이는 극히 소수죠.** 특별히 어사들이 사용했던 마패를 본떠서 마패를 만들지 않았던 이유를 아는 사람은 저 말고는 없을 겁니다."

 사실 그때 나는 그 사람이 말한 내용을 이미 다 이해하고 있었다. 일제강점기 때 총독부에서 어사들이 사용했던 마패의 글자가 아니라 철도박물관에 있던 마패에 기록된 글자를 찍어서 사용하도록 했다. 그것은 바로 박물관에 있던 마패의 원판인 내가 소유한 마패가 행운의 부적처럼 생각되었기 때문이었다. 그래서 조선 시대에도 소위 '짝퉁 마패'가 많이 만들어졌다. 사실 내가 소유하고 있는 마패는 행운의 부적으로 만들었던 마패의 원형이었다. 청나라가 조선을 침공했던 그때, 마패를 몸에 지니고 싸움에 임했던 '천혜' 장군에게 날아온 화살을 막아주었던 마패 때문에 천혜 그 장군은 생명을 보존했다. 내가 소유한 마패가 구부러져 있는 이유를 잊어버렸던 청년 시절에는 마패를 펴기 위해서 책 사이에 넣고는 발로 밟아 평평하게 펴려고 했다. 그러나 다 펴지는 못해서 나의 마패는 아직도 조금 구부러져 있다. 아무튼, 가장 중요한 점은 이 마패를 몸에 지니고 다녔던 '천혜' 장군의 일생이었다. 그 장군은 바로 임진왜란 때 이순신 장군 옆에서 장군을 보필했던 청년이었다. 그 청년은 우리 고향 동네 사람이었는데, 우리 고향 마을에서 함께 자랐던 그 청년의 친구와 함께 이순신 장군을 보필했다. 두 청년은 이순신 장군의 두 서자와 친구이기도 했다. 그 두 사람은 나중에 이괄의 난 때 이순신 장군의 두 서자와 함께 이순신 장군께서 우리 고향 마을에 숨겨두셨던 보물들을 한양으로 옮겨갔고, 당시 왕의 신하들은 그 보물들을 가지고 군사들을 모아서 이괄의 난을 평정하게 되었다. 그리고 그해 3월에 두 청년은 더 높은 장군의 지위에 올랐고 또한 내가 소유하고 있는 2개의 마패를 특별한 상으로 받았다. 당시 왕은 그 청년들에게 상급으로 무엇을 줄 것인지를 물었다. 청년들은 이렇게 대답했다.

"말들을 자유롭게 사용할 수 있는 표를 주시면 좋겠습니다. 보물을 옮겨오는 중에 가장 어려웠던 점은 지친 말들이 회복되도록 기다리는 일이었습니다. 만약에 말들을 바꿔서 탈 수만 있었다면 훨씬 쉽게 그리고 빠르게 보물들을 옮겨올 수 있었을 겁니다."

왕은 그들에게 어느 관청에서나 말을 바꿔 사용해도 좋다는 표시로 어사들이 사용한 것과는 다른 2개의 마패를 특별한 형태로 만들어 주도록 했다. 그래서 하나는 지름이 8cm이고 또 다른 하나는 2배의 무게로 만들었다. 2배로 무거운 마패를 받았던 '김맹수'라는 사람은 그 마패를 무기로 사용했다. 그런데 지름이 8cm인 마패를 상급으로 받았던 '천혜'라는 사람은 검술이 뛰어났다. 특별히 그 사람은 60cm 크기의 두 개의 검을 가지고 춤을 추듯 검술을 펼치면서 적들을 물리쳤다. 그 사람이 펼치는 검술을 용호검술(龍虎劍術)이라고 불렀다. 용과 호랑이가 하나가 되어 적을 물리치는 모습이라는 의미였다. 무엇보다 그 사람이 갖고 있던 두 개의 검은 적들의 검들을 무를 자르듯 잘랐다. 두 개 검은 모두 양날이었고, 검날은 모두 니켈 함량이 높은 특수강철인 운석으로 만들어져서 당시의 철제 검들을 잘라버렸다. 두 개의 검을 만들 수 있었던 것이 금강석이었는데, 금강석도 우리 가문에서 '이순신 장군의 보물'이라는 이름으로 전해져 왔다. 아무튼, 용두검과 호두검이라고 불렀던 두 개의 검은 세상에서 가장 귀한 보검이었다.

나는 이런 내용을 중학교 1학년 때 소설 <이순신 보물>에서 보았는데, 1984년도에 고문을 당하고 대수술을 받았던 동안 기억에서 지워졌다. 2011년에 호도검을 발견했을 때 기억이 조금 되살아나가 시작했고, 그 후부터 내가 어릴 때부터 항상 가지고 다녔던 마패가 무엇인지 연구하기 시작했다. 그 후 2020년도에 **의왕철도박물관**에 보관된 **10개의 마패**를 인터넷에서 보고 난 다음에 점차 마패의 비밀을 기억하기 시작했다. 그래서 2022년도에 마패를 직접 만졌던 때에는 마패의 비밀을 대부분 알고 있었다. 그러다가 마침내 2024년 4월 28일 새벽에 모든 내용을 뚜렷하게 기억하게 되었다. 그리고 만약 내가 <이순신 보물>을 소설로 쓴다면 어떻게 쓰는 것이 좋을지 지금까지 계속 생각하고 있다.

나는 소설을 어떻게 쓸 것인지 많이 생각하고 이렇게 글로 정리하기 시작했다. 그리고 여러 가지 제목으로 2024년 9월 20일 03시까지 정리하고 있었다. 그런데 **2024년 9월 20일 아침 07시경에 나는 죽음의 문턱을 넘어가다 되돌아오는 경험을 했다**. 그리고 그날 저녁 방에서 나는 이순신 보물 중에서도 돈으로도 환산할 수 없는 이순신 장군의 몸을 치유했던 **금강석**(땅에서 발견한 나노 다결정 카보나도 다이아몬드 원석)이 내 눈앞에 있음을 발견하게 되었다. 그때 내 경험을 형제자매로 살아가고 있는 분들과 자세히 나눴다.

금강석(金剛石) : 치유(治癒)에 이용

 위의 내용 대부분은 지난해(2024년) 10월에 정리한 것입니다. 이 내용 안에 제가 이 책을 쓴 이유가 모두 기록되어 있습니다. 저는 장군께서 우리에게 남겨주신 최고의 보물이 바로 겸손이라는 점을 알리고 싶어서 <이순신 보물> 소설을 쓰고 싶었습니다. 저는 겸손이란 자기 자신을 객관적으로 이해하고 그 이해한 그대로 사는 거로 생각합니다. 그리고 철도박물관에 있는 10개의 마패가 만들어진 이유를 설명하기 위해 소설을 쓰고 싶었고, 300페이지 이상을 정리해 두었습니다.
 그런데 이제 또 하나의 이유로 소설이 아니라 이렇게 소책자로 만들게 되었습니다. 그 이유는 바로 우리 가문이 가지고 있는 여러 가지 돌들을, 그 여러 돌 중에서도 **금강석**을 속히 소개하고 싶기 때문입니다. 많은 금강석이 이순신 보물임을 알았기 때문이며 이것들을 최적으로 활용하는 것이 겸손임을 알았기 때문입니다. **겸손이 최고이며 최적의 순종이기 때문입니다.**

 제가 지금 이 부분을 쓰고 있는 시점은 2025년 4월 2일 정오입니다. 2일 후 4월 4일에 중요한 헌재 판결이 있습니다. 저는 지금 신인에게 기도하면서 이 글을 쓰고 있습니다. 428년 전 꿈에서 이순신 장군에게 나타나셨던 그 신인에게 나라와 민족을 불쌍히 여겨 달라고 간절히 기도하면서 이 글을 쓰고 있습니다. 지금 우리 민족에게도 '天幸'이 정말 필요합니다. **천행(天幸) : 하늘이 준 큰 행운.**
 그리고 우리가 해야 할 것은 겸손입니다. 마땅히 따라서 행해야 할 말씀이 있음은 복입니다. 그런 복된 말씀을 따라 살아가는 겸손이 정말 지금도 필요합니다. **겸손(謙遜) : 복된 말씀을 따름 = 순종(順從).** 저는 지금도 가슴에 이 문장을 새깁니다.
천행을 받았으면 겸손하게 순종해야만 한다.

저는 **2024년 9월 20일 아침 07시경**에 죽음의 문턱을 넘어가다 되돌아오는 경험을 했습니다. 죽음의 문턱 경험은 1984년 5월에 경험한 후 2번째입니다. 사실 저는 5월 모든 날을 생일처럼 생각하며 살아왔습니다. 물론 슬픈 생일입니다. 왜냐하면, 5월 18일도 끼어 있기 때문입니다. 사실 제가 고문당하고 수술을 받았던 날은 15일 정도 됩니다. 그래서 5월이 오면 특히 15일부터 마음이 매우 힘듭니다. 전남 도청이 계엄군에 의해 진압되던 5월 그 날을 생각하면 지금도 눈물이 납니다.

그런데 제 생일이 또 있습니다. 바로 9월 20일입니다. 작년에 생일로 정했으니 아직 1년도 되지 않았습니다. 사실, 저는 2024년 9월 20일에 새롭게 태어났습니다. 제가 그때 그 많은 피를 흘리고도 빠르게 회복되었다는 점은 정말 기적입니다. 무엇보다 감사한 것은 그날 저녁 **금강석**(땅에서 발견한 다결정 다이아몬드 원석)을 보게 된 것입니다. 저는 그날 밤에 이순신 보물 중에서도 돈으로 환산할 수 없는 소중한 금강석을 제가 자고 있던 방의 책상 위에서 보게 되고 그 뒤 2000시간 동안 수많은 금강석을 보며 연구한 다음 이렇게 소책자를 만들고 있습니다.

사실 저는 몇 년 전부터 이순신 장군께서 4명에게 다음과 같이 말씀하셨다고 만나는 지인들에게 소개했습니다.
- 돌을 금보다 귀히 여기라.

소설 <이순신 보물> 안에 이순신 장군께서 이 말씀을 자주 하셨다고 기록되어 있기 때문입니다. 그래서 이 문장을 제가 정리하고 있던 <이순신 보물> 안에도 자주 기록했습니다. 2023년도에 제가 소설을 왜 쓰게 되었는지 다음과 같이 기록했습니다.

이 책은 바로 진정한 보물이 무엇인지를 밝히기 위해서 썼다.
이 책을 쓰면서도 계속 가슴을 울리는 음성이 있었다.
- 돌을 금보다 귀히 여기라.

지금 저는 2024년 5월 11일에 큰아들에게 이야기해줬던 내용을 보고 있습니다. 그때 이야기했던 내용을 자동으로 녹취하는 프로그램에 연결했었습니다. 이때는 소설 <**이순신 보물**> 내용을 모두 기억했던 때였습니다.

장군께서는 명량해전이 끝나고 서자 두 명과 서자들의 친구 두 명을 데리고 우리 고향 마을에 오셨단다. 물론 그 두 친구도 함께 명량해전에서 싸웠지. 장군께서는 우리 마을에 오시기 전에 **벌교**로 들어오는 입구인 **장양항**에 있는 **진석마을** 뒤편 조그마한 산에 오르셨지. 장양항은 당시 이 근방에서 가장 큰 항구였지. 인근의 모든 세금을 배에 담아서 한양으로 옮겨갔던 곳이지. 그리고 낙안군의 대부분 배는 장양항을 통해서 고기를 잡았지. 아무튼, 장군께서는 배에서 내린 다음 먼저 장향항을 둘러보면서 이렇게 말씀하셨단다.

"그 많은 피가 흘렀는데도 아직도 이렇게 아름답게 보이는 것이 신기할 뿐이다."

그리고는 진석마을 뒤편에 있는 조그만 산에 오르셨지. 너도 전에 나와 함께 가봤던 **진석마을**은 '선소'라고도 부르는 곳이 있지. 장군께서는 배를 만들었던 그곳을 명량해전 이전에도 방문하셨지. 아무튼, **진석마을 뒤편의 조그만 산은 낙안과 벌교에서 낙조가 보이는 유일한 장소였지. 강과 바다가 만나는 그곳에서 바라보는 낙조는 너무도 아름다웠지.** 장군께서는 네 명에게 이렇게 말씀하셨데.

"전쟁이 끝나고 내가 여생을 보낸다면 이곳에서 보내고 싶구나. 이곳에서 저렇게 아름다운 서양을 바라보며 남은 생애를 마감하고 싶구나. 이곳에서 내 어린 시절부터 바라봤던 저 석양을 매일 바라보면서 우리 후손들을 위해서 기도하고 싶구나. 조선을 살린 신인에게 석양을 바라보면서 기도하다가 그분의 품에 안기고 싶구나."

장군께서는 이렇게 말씀하신 다음 석양을 바라보면서, 노을 품에 안겨 있는 강과 바다가 마주치는 그곳을 바라보면서, 말없이 잠시 계셨지. 지금은 **여자만**이라고 이름이 변했지만, 당시에는 부사만이었지. **백제 때부터 낙안군은 부사현에 속했는데**, 그때부터 그곳을 부사만이라고 불렀지. 그래서 '부사만'이란 단어가 낙성초등학교 교가에도 나오지. 여자만이 생긴 것은 임진왜란 때 벌교에 살았던 부부가 여수 여자도로 가서 살기 시작했는데, 그곳 여자도부터 보성군의 서쪽 바다 끝까지를 여자만이라고 부르게 되었지. 일제가 순천만이라고 부른 것은 여자만을 없애기 위함이었지. '**너는 스스로 있는 만**'이란 이미인 **여자만(汝自灣)**이란 단어가 '**모두 평등하다**'라는 의미도 담고 있기 때문이었지. 커다란 여자만이 **만인평등사상**을 담고 있는 것을 싫어했던 일제는 여자만 단어조차 없애려고 여러 지역의 만들을 지어서 부르게 했지. 대표적인 것이 순천만이지. 그러나 낙안과 벌교 사람들은 아직도 여자만이라고 부르고 있지. **부사만임을 알고 있지만, 여자만이라고 부르는 것은** 그 단어 속에 포함된 **만인평등사상**을 강조하기 위함이지. 아무튼, 장군께서는 부사만을 바라보시면서 네 명에게 이렇게 말씀하셨단다.

"내가 석양을 제일 좋아하는 이유는 여러 가지가 있지만, 매일 석양이 내게 이렇게 말하는 것 같기 때문이다. '나는 오늘 내가 할 일을 다 해냈다. 바람이 불든 비가 오든 구름이 끼어 있던 나는 태양으로서 종일 빛을 발하고 살았다. 여명에서부터 지금 일몰, 이때까지 나는 자신답게 살았다. 나를 바라보는 그대 역시 마지막까지 자신답게 살길 바란다.' 어느 날은 참으로 아름다운 노을이 온 하늘을 덮고 있었다. 바로 오늘과 같은 이런 날이지. 이런 날에는 석양은 내게 이렇게 말했다. '가장 마지막이 아름다웠지. 마지막이 정말 가장 마지막 순간이 가장 아름다울 수 있다. 만물은 시작이 중요하지만, 끝은 더 중요하다. 나를 보라. 오늘 아침에는 구름에 끼어서 보이지도 않았지. 지금 이 순간 온 하늘 구름이 있기에 온 하늘을 더 아름답게 만드는 나를 보라. 그대여 나처럼 살기를 원한다.' 내 어린 시절부터 아름다운 노을을 내게 보내주는 석양은 항상 이렇게 말했다. '처음도 아름답지만 가장 마지막은 최고 아름다워야 한다.' 너희들 역시 마지막이 최고 아름답길 바란다. 나 역시 오늘보다 내일이 더욱 아름답길 바란다."

바위에 **진석마을**이 새겨져 있음

 장군께서는 또 이렇게 말씀하셨지.
"내가 이곳에 아담한 초막을 짓고 나 혼자 이곳에서 신인에게 기도하며 보내는 것도 좋겠지만, 너희들과 함께 또 내가 그리워하는 수많은 사람과 함께 이곳에서 보낼 수 있다면 좋겠다. 물론 그 사람들이 항상 이곳에서 사는 것은 아니지만 그 사람들이 와서 편히 쉴 수 있는 그런 아름다운 공간을 만들어 놓고 이곳에서 매일 잔치하면서 보내면 좋겠다. 세상에 수많은 사람이 이곳에 와서 이곳을 더 아름답게 만들며 우리의 조상들에게 힘과 용기를 주셨던 그 신인을 향해 감사하고, 이곳에서 저렇게 아름다운 노을을 바라보며 노을 품에 안겨서 노래하며 춤추며 함께 살 수 있다면 너무너무 좋겠다."
 나는 그 장소에 거북선 카페를 만들고 싶은 꿈을 갖고 있다. 2020년에 완성했던 나의 소설 **<보랏빛 가시나무 새>**에서 그 장소에 '거북선 카페'를 만들고 싶다고 기록했다. 그런데 지난해 2024년 4월 28일에야 장군께서 바로 그 장소에서 위처럼 말씀하셨음을 기억하게 되었다. 나는 소설에서 내가 기록했던 꿈의 내용이 장군님 말씀과 관계된 것임을 2024년 4월 28일에서야 이해하게 되었다.

 고향으로 내려와 살기 시작했던 나는 2021년에 그 장소에 처음 갔는데, 그때 전율을 느꼈다. 왜냐하면, 이전에 한 번도 오지 않았던 그 장소가 내 소설에 묘사된 것과 완전히 같았기 때문이다. 나는 그때 왜 내가 그렇게 묘사할 수 있었는지 알 수 없었다. 사실 어린 시절 보았던 <이순신 보물>에 기록된 내용이 내 기억의 파편으로 남았다. 다른 많은 내용은 잊어버렸지만, 그 부분은 내 기억창고에 남아서 내가 한 번도 가보지도 않았지만, 그곳을 가본 것처럼, 그곳에서 거북선 카페를 지어놓고 시를 낭독하고 소설을 써서 나누고, 노래하고 판소리하고, 또 국악의 공연이 이루어지고, 그뿐만 아니라 청소년들을 위한 콘서트, 그리고 사람들에게 세상을 바꿀 수 있는 그런 이야기들을 나누는 장소로 내가 그 거북선 카페를 묘사한 이유를 2024년 4월 28일에 완전히 알 수 있었다.

 그리고 내가 우리 동네 입구에 있는 '**장군 소나무**' 밑에 그리고 소나무 근방에 사람들이 와서 쉬기도 하고 또 잠을 잘 수 있는 곳을 만드는 것을 꿈꿨던 이유도 알았다. 거북선 카페만큼 큰 규모는 아니지만, '장군 소나무' 근처에 어떤 장소를 만들어 놓고 그곳에서 기념될 만한 모임들을 할 수 있기를 꿈꿨던 것도 소설 <이순신 보물> 안에서 보았던 내용임을 알았다.

 내가 **홍교 다리**에 지대한 관심을 쏟았던 이유도 알았다. 장군께서는 장양항에 큰 배를 정박시키신 다음 진석마을(선소) 뒤 작은 산 위에서 석양을 잠시 바라보시다가 작은 배를 타시고 부사만을 통해 벌교 쪽으로 올라오셨다. 홍교 다리 근처에 배를 대시고는 홍교 다리를 건너서 우리 마을로 오셨다. 사실 장군께서는 이전에도 홍교 다리를 몇 번 건너셨다. 그 이전에 건너실 때는 급한 일들 때문에 다리 위에 멈출 시간이 없으셨다. 그런데 이번에는 다리 위에 멈추신 다음 흐르는 강물을 바라보시다가 강줄기의 원천인 **백이산** 쪽을 바라보시며 4명에게 이렇게 말씀하셨다.

홍교 다리 - 저 멀리 우리 마을 뒷산 **백이산**이 보임

"나는 이 다리를 건널 때마다 이 다리를 만든 모든 분에게 진심으로 감사하고 있다. 너희는 이 다리가 얼마나 중요한지 알아야 한다. 이 다리가 있기에 두 지역이 하나로 연결되어 살아갈 수 있다. 큰비가 와도 이렇게 건재해 있는 이 다리 때문에 우리가 낙안읍성 근처로 쉽게 갈 수 있다. 이 다리처럼 너희들도 세상 사람들을 이어주는 역할을 해야만 한다. 이 다리가 있기에 낙안 군민이 낙안 군민답게 살 수 있는 것처럼, 너희들이 있기에 조선 사람이 조선 사람답게 살 수 있어야만 한다. 내가 지금 한 말을 잊지 말기 바란다. **이 홍교 다리가 있기에 지금의 낙안군이 있고, 지금의 낙안군이 있기에 호남이 있고, 호남이 있기에 조선이 있다.** 결국, 이 작은 다리 하나가 조선을 있게 만들었다. 내가 지금 무슨 말을 하는지 이해가 되지 않을 것이다. 만약에 낙안군이 낙안군으로 있지 못했다면, 오늘 조선은 있을 수가 없었을 거다. **낙안 군민들이 왜적들에게 곡식을 빼앗기지 않으려고 어떻게 싸워왔는지 잊지 말아야 한다. 너희들은 조양창이 낙안군에 속했음을 잊지 말아야 한다. 조양창에 쌀이 없었다면 조선은 지금 왜구에 의해서 멸망하고 말았을 것이다.** 조양창이 없었다면 조선도 없어졌을 거다. 나와 너희

들 그리고 함께 싸웠던 군사들, 우리 모두 밥을 먹고 힘을 낼 수 있었기 때문에 명량에서 적을 무찌를 수 있었다. 조양창이 없었다면, 그 안에 오곡이 없었다면 지금 우리는 여기에 있지 못할 것이다. 잊지 마라. **조양창에 오곡이 가득 있었던 것 역시 여기 홍교 다리가 있기에 가능했다.** 군수와 함께 읍성에 사는 지도자들이 이 다리를 건너서 조양창을 쉽게 오가면서 그곳 사람들을 잘 지도했기 때문에, 그곳에 우리 **군사 600명이 1년 먹을 수 있는 600석**이 있었던 거다. 이 작은 홍교 다리가 낙안군을 낙안군답게 존재하도록 했음을 잊지 말아야 한다. **조양창이 있었기에 우리가 지금처럼 살 수 있음을 잊지 말아야 한다.**"

https://blog.naver.com/lds2032/220446420062

그런데 나는 여기 오기 전 최근에도 조양창이 있던 장소를 다시 방문했는데, 그곳에서 또 슬픔에 잠겼단다. 그 이유를 위 사진을 보고 내가 단체 카톡에 올린 글을 보면 잘 알 것이다. 나는 두 번째 찾아간 다음 단체 카톡에 이런 글을 남겼다.

 지금도 조양창은 흔적도 없고 그 자리에 무덤 2개만 있음을 생각하니 가슴이 아픕니다. '이슬떨이' 이름으로 위의 내용과 여러 내용을 매우 잘 소개합니다. 참 감사합니다. **바위에 1597년을 1579로 새긴 사진은 과수원 주인 '맹수' 할아버지의 것**인데, 그분과 3시간 가까이 대화했습니다. 그분이 세운 바위와 바위에 쓴 연도를 볼 때마다 마음이 아픕니다. 그 할아버지는 제게 과수원을 파시겠다고 약속하셨습니다. 제가 자신의 **과수원을 사서 그 위에 조양창을 재건하고 싶다**고 말씀을 드렸기 때문입니다.

여기 와서 있으면서도 단체 카톡에 다음과 같은 글을 남겼다.

- **지금도 저는 조양창을 재건하는 꿈을 꿉니다.** 제가 금강석치유사업과 주얼리사업으로 돈이 생기면 조양창도 반드시 세울 것입니다.

아무튼, 장군께서는 이렇게 말씀하시면서 우리 마을로 오셨다. 그때 장군께서 낙안군청 옆에 있는 우리 고향 마을로 오신 이유는 명량해전 후에 왜구의 배 안에서 발견했던 보물들을 우리 고향 집터에 숨겨놓기 위해서였다. 장군께서 완전히 파선되지 않고 물에 떠 있던 몇 척의 배에서 획득한 보물들을 우리 고향 집터에 숨겨놓으시려 했던 것은 당시 우리 고향 집터 주위에는 보물을 숨길 아주 은밀한 장소가 있었기 때문이다. 그곳에는 고대부터 우리 조상들이 숨겨놓은 여러 보물도 있었다. 특히 그곳에는 수많은 돌이 있었다. 그 많은 돌 중에는 돌도끼들도 있었고 금강석과 같은 치유석들도 있었다. <u>물론 내가 어떤 돌들이 금강석임을 알게 된 것은 너도 잘 알 듯 9월 20일 밤이지.</u> 아무튼, 여러 치유석들은 아픈 사람이 누울 수 있도록 침대처럼 만들어져 있었다. 우리 조상들은 아픈 사람이 있으면 그곳에 눕도록 했다. 3일 밤낮을 그곳에서 지내면 대부분 몸이 회복되었다. **그때 장군께서 우리 고향 집에서 3일 동안 머무셨는데, 바로 그 치유석들이 있던 곳에서 3일 동안 주무셨다.** 장군과 함께 왔던 4명은 우리 고향 집 옆에 새로 지었던 장소에서 지냈다. 4명은 그곳에서 지내는 동안 우리 집 바로 옆에 샘을 팠다. 장군께서도 4명과 함께 샘 파는 일을 하셨다. 그러나 장군께서는 샘을 파신 것을 멈추고 치유석이 있는 곳으로 다시 들어가셨다. 4명이 장군께서는 치유석이 있는 곳에서 나오지 마시라고 말씀드렸기 때문이다. 그때 팠던 샘을 작은 연못이라고도 말할 수 있는데, 사람들은 그곳을 '**장군들 샘**'이라고 불렀다. 그곳은 지금 고향 집의 샘이 있는 곳이었다고 전해지고 있다.

그런데 장군께서 우리 집으로 오시는 길에, 마을 입구에 있는 '**장군 소나무**' 밑에 앉으신 다음 4명에게 매우 중요한 말씀을 주셨다.

장군 소나무 - 벌교읍 지동리 산 79   낙성초교 - 손자 장군 소나무

"여기서 석양을 바라보는 각도와 장양항에서 석양을 바라보는 각도와 열선루에서 석양을 바라보는 각도가 일치하는구나. 이게 우연이 아니지. 모두 서북쪽을 향하고 있다. **모두 해가 넘어가는 방향을 향하고, 노을의 아름다움을 바라볼 수 있는 각도로구나.** 지금 이렇게 이 나무 밑에서 석양을 바라보니 너무 좋구나. 태양은 처음도 아름답지만, 마지막이 더 아름답구나. 태양이 중천에 떠 있을 때는 너무 빛나서 볼 수도 없었는데, 저렇게 아름답게 마지막 모습을 보여주는구나. 태양이 내게 지금도 말하는 것 같다. '너무 빛나려고 하지 마라.' 저기 삼거리에 쌓아둔 수많은 돌을 보라. 나는 너희들이 저기 있는 돌들처럼 살았으면 좋겠다. 지금은 아무런 쓸모가 없는 것처럼 보이지만, 저 돌들은 이 마을을 지키는 무기다. 쇠로 만든 창검이 없고 죽창도 다 사용한 다음, 마지막으로 저 돌들을 던지며 왜구들을 물리쳤던 이 마을 사람들에게는 저 돌들은 자신들의 수호신과 같다. **너희는 모든 돌을 금보다 귀히 여겨야 한다.** 내가 이 마을 사람들이 최고 귀하게 여기는 보석들이 치유에 최고라는 말을 들었다. 그런데 보석들 역시 저 돌들처럼 평범하게 보인다고 한다. 나는 평범한 돌들과 보석들이 어떤 차이가 있는지 모른다. 혹시 저 돌 중에도 보석이 있을지 모른다. 아무튼, **모든 돌을 금보다 귀히 여겨라.** 사실 평범한 돌은 평민과 같다. 평민을 귀히 여겨

라. 조선이 아직도 있는 것은 저 돌과 같은 평민들이 왜적을 물리쳤기 때문이다. 내가 **돌을 금보다 귀히 여기라는 말은 바로 평민을 귀히 여기라는 의미다.** 그리고 장군이 되어라. 왕이 되려고 하지 말고 장군이 되어라. **궁궐에 앉아 명령만 하는 왕이 되지 말고, 백성들 보다 앞장서서 싸우는 장군이 되어라.**

 서북쪽에서 오는 차가운 바람을 온몸으로 막아주는 이 큰 소나무를 보라. 장군처럼 생각되지 않느냐. 저 뒤에 있는 식물들을 온몸으로 보호하고 있는 이 소나무는 마치 장군처럼 보인다."

 저는 소설 <이순신 보물>을 읽으면서 우리 마을 입구에 있는 **허리둘레 5m 넘은 소나무를 장군 소나무**라고 불렀던 이유를 알았습니다. 현재 우리 마을 입구에 있는 소나무는 그때의 소나무 새끼랍니다. 원래의 장군 소나무는 너무 오래되어서 250년 전에 사라졌답니다. 지금 있는 소나무 나이는 310년입니다. 이순신 장군께서 이전의 소나무를 '장군처럼' 생각된다고 말씀하셨고, 그 아래서 여러 차례 쉬시면서 4명에게 말씀하셨기 때문에 '장군 소나무'라고 불렀답니다. 지금 있는 소나무도 장군 소나무라고 부르는 것은 이전 소나무와 같이 생겼기 때문이며, 이순신 장군과 4명의 장군을 기념하기 위함이랍니다.
 저는 장군 소나무와 장양항 진석마을(선소) 뒤의 작은 산 위 그리고 열선루 세 곳이 어떤 관계가 있으리라 생각했습니다. 그 의미를 지금도 찾아가고 있는데, 호두검 검집에 기록된 숫자는 열선루와 진석마을(선소)의 거리 그리고 열선루와 장군 소나무의 거리와 완전히 일치함을 알고는 전율을 느꼈습니다. 그리고 검집에 기록된 숫자는 우리 고향 집터의 주소와도 연결되었습니다. 구체적인 내용을 이야기하는 것은 매우 위험하다고 절친이 충고해서 더는 말하지 않겠습니다. 나와 가족으로 살아가는 모든 분과 절친들은 검을 보면서 모두 '**과연 명검답다.**'라고 말했습니다.

중국 청나라 건륭보검 84억 낙찰

중국 청나라 건륭제(1736~1795년) 시절 제작된 보검이 29일 '차이나 가디언' 가을경매에서 4830만 위안(약 84억원)에 낙찰됐다.

중국 국가1급문물로 지정돼 있는 이 보검은 마카오의 한 수집가에게 팔렸다. 익명을 요구한 수집가는 "평소 병기에 관심이 많다"면서 "이번 경매로 귀중한 보물이 하나 더 늘었다"고 흡족해 했다.

천자십칠호(天字十七號)라는 이름의 이 요도(허리 칼)는 S자형으로 가늘고 길며 칼날 끝이 약간 솟아있

제가 가지고 있는 **운석으로 만든 호두검의 가치가 측량할 수 없을 정도라는 사실**을 알게 된 것은 2012년에 위의 내용이 인터넷에 올라왔을 때였습니다. 2012년에 이 내용을 보면서 2011년에 고향 집에서 기적처럼 발견했던 호두검이 **황제의 보검**임을 알았습니다. 그러나 **세상을 떠나버린 작은 형에게 받아서 어린 시절부터 가지고 있던 2개의 돌과 장군께서 누우셨던 '이순신 돌'이 금강석임을 알게 된 때는 2024년 9월 20일입니다.**

그리고 장군께서는 명량해전 후에 파손된 왜적들의 배에서 수집했던 많은 보물을 호두검이 있던 그 자리에 숨겨놓으셨습니다. 그것을 아는 사람은 장군과 4명뿐이었습니다. 두 명의 서자와 서자들의 친구였던 두 명의 청년들은 장군께서 보물들을 그곳에 왜 숨겨놓으셨는지 그때는 그 이유를 잘 알 수 없었습니다. 그때 장군께서는 나라가 위급할 때 사용될 거라고만 말씀하셨기 때문입니다.

우리 마을 청년들이 40대가 되어서야 장군님 말씀의 의미를 잘 알게 되었습니다. 우리 집에 숨겨두었던 보물은 **1624년 이괄의 난**을 평정하기 위해 군사들을 모집하는 데 사용되었습니다. 이괄의 난이 평정된 후 우리 마을 출신인 두 장군은 상으로 받은 두 개의 마패를 사용하여 왕의 특별한 명령을 수행하는 **특별 감찰사 역할**을 하기도 했습니다. 무엇보다 두 장군은 작은 마패의 모양처럼 여러 마패를 만들어 판매할 수 있었습니다. 그리고 **여러 마패를 팔아 얻었던 수익을 가난한 사람들을 구제하는 일**에 사용했습니다.

이순신 돌 : 우리의 꿈

 만약 지금이 1700년 조선 시대라면 신인의 가족으로 살아가고 있는 우리는 철도박물관에 보관된 10개 모양의 마패들을 만들어 팔고 있을지 모릅니다. 마패들을 팔아 가난한 사람들을 좀 더 부유하게 살도록 돕고 있을지 모릅니다. 10개 모양의 마패들을 만들 뿐만 아니라 새로운 기업을 세우고 있을지도 모릅니다. 지금이 1700년 조선 시대라면 우리는 신인의 꿈을 우리의 꿈으로 삼고 그 꿈을 이루기 위해 마패를 최선을 다해 이용하고 있을 것입니다.
 한국 땅에 짝퉁으로 알려진 마패 중에 1624년 3월에 만든 마패가 가장 많습니다. 그 이유는 바로 이괄의 난이 평정된 다음 달인 1624년 3월에 왕이 상으로 만들어 주었던 마패 때문입니다. 그것을 품에 지녔던 '천혜' 장군이 화살을 맞고도 살았기 때문입니다. 그래서 **조선 시대에도 1624년 3월에 만들었던 마패를 행운의 부적처럼 생각했던 것입니다.** 특별히 장군에게 왕이 상으로 주었던 말 한 필이 새겨진 지름 8cm 마패를 소유한 사람은 전국에 있는 모든 말을 왕처럼 사용할 수 있었습니다. 그 마패에 **말 한 필이 새겨져 있는데도 왕처럼 10마리도 사용 할 수 있었던 것**은 그 마패를 다른 마패와는 다르게 글자를 새기고 8cm로 만들어 구별시켰기 때문입니다. 왕께서 모든 신하에게 또 전국에서 말을 관장하는 모든 사람에게 그 마패를 만든 이유와 사용을 말했기 때문입니다. 무엇보다 소설 <이순신 보물>에 **조선 시대 이괄의 난이 평정된 다음 달인 1624년 3월에 만들었던 짝퉁 마패들이 빈민구제를 위해 만들어졌다고 기록되어 있음**은 매우 중요합니다. 빈민구제를 위해 마패를 사업적으로 성공시켰던 '행운의 마패'에 기록된 글은 어사들이 사용했던 마패들이나 일제가 만들었던 마패들에 기록된 것에서 다른 점을 발견할 수 있습니다. 여기 사진을 보신 여러분 역시 그 차이를 발견할 수 있겠지요. 신인께서 여러분에게 보여드리라고 하시는지 마패의 부분이 있는 사진을 방금 휴대전화에서 찾았습니다. 다른 모든 1 마패는 일(一) 자를 썼지만, 이 마패와 철도박물관 마패만 이렇게 일(壹) 자를 썼음을 주목해야 합니다.

저는 마패를 연구하면서 정리한 것이 있습니다. 인터넷에서 **<책보고>** 방송을 보면서 이 사실을 더욱 확인했습니다. 현재 우리가 사실이라고 확신한 많은 것 중에 허구가 있을 수 있다는 것입니다. 반대로 우리가 허구라고 확신한 많은 것 중에 사실이 있을 수 있습니다. 저는 **과거의 허구가 현재의 사실을 죽일 수 있음**을 알았습니다. 또한, **현재의 허구가 과거의 사실을 죽일 수 있음**도 알았습니다. 무엇보다도 **현재의 허구가 과거의 사실을 살릴 수도 있음**도 알았습니다. 중요한 점은 **과거의 사실조차도 현재의 사실까지 죽을 수 있다는** 점입니다. 가장 중요한 점은 **과거의 허구가 현재의 사실을 살릴 수 있다는** 점입니다. 우리는 <이순신 보물>이 죽어버린 현재의 사실들을 가장 잘 살리는 **역할을 할 수 있음**을 알았기에, <이순신 보물>을 세상에 알려야만 한다는 사명감을 품게 되었습니다. <u>특히 현금과 바꿀 수 있는 '이순신 돌'인 금강석을 가지고 사업을 계획하고 있습니다. 우리 12가정은 이순신 돌을 사용해서 신흥한국을 꿈꾸고 있습니다.</u>

이순신 돌은 우리의 꿈입니다.
우리는 12가정을 의미합니다.
우리 12가정은 신인이 형제자매로 살아가도록 연결해 주셨습니다.
우리는 이순신 돌 때문에 수많은 사람이 회복하는 꿈을 꿉니다.
수많은 사람의 육체가 회복하는 꿈을 꿉니다.
수많은 사람의 인격이 회복하는 꿈을 꿉니다.
수많은 사람의 경제가 회복하는 꿈을 꿉니다.
수많은 사람이 연합하여 신흥한국을 창조하는 꿈을 꿉니다.

저는 2024년 9월 20일 심야에 난중일기를 다시 읽으면서 정말 깜짝 놀랐습니다. 가문에 내려온 이야기처럼 1598년의 난중일기에는 단 한 번도 '아프다'

라는 기록이 없었기 때문입니다. 그래서 9월 20일 후 저는 자주 금강석을 사용해서 몸을 회복시켰습니다. 최근에도 몇 명의 형제들과 함께 고향 어느 한 곳에 보관하고 있던 모든 보물과 금강석을 분산시켰는데, 근육을 너무도 많이 사용했더니 왼쪽 무릎 근육과 오른쪽 어깨 근육이 심각하게 아파서 3일 전에도 금강석을 아픈 자리에 파스처럼 붙였습니다. 그리고 지금 무릎은 95 프로 어깨는 90 프로 가까이 아픔이 사라졌습니다.

가문에 내려온 이야기에 의하면, 이순신 장군께서는 금강석(다결정 다이어몬드 원석)을 꾸준히 사용하셔서 완전히 치유되셨답니다. 장군께서 순천왜성에 거주했던 왜구들과 싸우기 전에 낙안읍성에 오셔서 '이순신 나무'를 그곳에 심으셨던 때에도 여러 금강석을 사용하셨답니다. 천혜와 김맹수 두 청년이 고향 집터에 있었던 엄지손가락 크기의 금강석 두 가마를 장군께서 주무시던 방에 가져가 침대처럼 만들어 드렸답니다. 그 후에도 장군께서는 이동하시면서도 몇 개의 큰 금강석을 주무실 방에 두셨고 작은 금강석들을 온돌방에 이불처럼 깔아놓고 그 위에서 몸을 따뜻하게 하셨답니다. 그리고 두 개의 금강석을 항상 품에 지니고 다니셨답니다. 그래서 1598년도에는 아주 건강하게 사셨다고 합니다. 장군께서 항상 품에 지니고 다니셨다는 2개의 금강석을 지금도 가슴에 품고서 만져봅니다. 손주에게 보여주지 않았던 다른 하나는 이 책 뒤표지에 있는 이것입니다.

저는 꿈을 이루고 싶어서 금강석 내용을 정리했습니다. 저는 지금까지 **2000시간 이상을 금강석 연구에 사용**했습니다. 특히 검정 금강석 연구에 많은 시간을 투자했습니다. 보석학원도 다니면서 보석연구과정 수료도 했습니다. 사실 저는 2024년 9월 20일부터 금강석이 있는 어느 곳을 가면 멀리서도 금강석을 볼 수 있게 되었습니다. 아무튼, 전문적 기계 사용 없이는 인조 다이아몬드를 천연 다이아몬드와 구별할 수 없는 지금, **검정 다이아몬드인 카보나도 다이아몬드**가 세계적인 인기를

끌고 있습니다. 세계적인 인기 과정을 잘 정리해 준 카페의 글을 소개합니다. https://cafe.daum.net/djh43/7M4P/9629

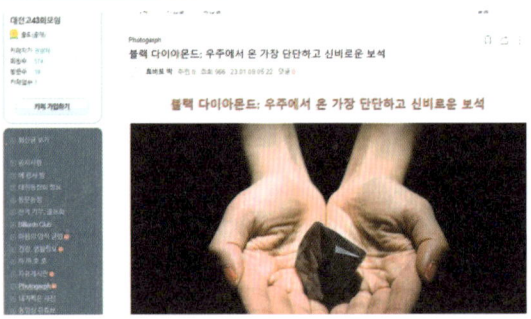

장군께서 치유용으로 사용하셨던 수많은 금강석 중 검정 금강석은 모두 나노 다결정 카보나도 다이아몬드였습니다. 치유용으로 뛰어난 우리의 **검정 금강석**을 홍보하기 위해서 위에서 소개한 카페 안에 있는 외국 회사 제품들을 사용하며 이렇게 만들었습니다.

이순신 돌

**치유력이 가장 탁월하다
성숙한 아름다움이 보인다**

치유를 원하면 금강석을 사용함이 좋습니다
보석 중 금강석 치유력이 가장 높기 때문입니다
단결정 투명 다이어몬드가 신부의 아름다움이라면
다결정 블랙 다이아몬드는 엄마의 아름다움입니다
엄마는 인생의 깊은 멋을 보여주고
금강석은 미의 깊은 멋을 보여준다

다결정 금강석(나노 다결정 카보나도 다이아몬드)은 불투명하지만 나름대로 아름답습니다.
인터넷에 있는 외국 회사 제품들입니다.

이순신 돌을 가공하면 외국 회사에서 가공한 것들보다 더 아름답습니다.

가장 중요한 점은 장군께서는 많은 금강석이 침대처럼 있는 곳에 누워서 치유를 경험하셨다는 점입니다. 황토로 굴처럼 만든 그곳을 40도가 넘도록 만들어 놓고 그 속에 많은 양의 금강석을 몇 개의 침대로 만들었답니다. 몇 개의 금강석 침대를 만들었던 이유가 있었답니다. 몸에서 나온 분비물이 금강석 위에 떨어졌고, 분비물이 묻은 금강석들을 깨끗하게 하는 동안 다른 침대로 옮겨 누웠답니다. **큰 금강석은 주위에 놓고 작은 금강석은 등 밑에 이불처럼 만들어 놓고 그 위에서 몸을 회복하도록 했던 금강석 치유방법은 인도에서 한반도로 도망했던 크샤트리아 왕족들의 방법이었답니다.** 사투리 연구가들에게 잘 알려진 것처럼, 브라만 계층과의 경쟁에서 밀리게 된 왕족인 크샤트리아 계층은 한반도로 도망 왔습니다. 그 왕족이 치유방법으로 사용한 것이 금강석 치유방법이었습니다. 그 왕족이 사용했던 언어가 산스크리트어였습니다. 산스크리트어를 사용했던 사람들이 크샤트리아 왕족이었다는 의미로 후대 사람들은 산스크리트어를 사투리로 부르게 되었답니다.

크샤트리아 -> 샤트리아 -> 샤투리아 -> 샤투리 -> 사투리

이처럼 변하게 되었답니다. 모든 언어에서 보는 것처럼, 고대 사람들이 사용했던 '크' 발음이 사라지기 시작했고, 그 후 '아'도 사라지게 된 것입니다. **사투리는 <u>방언의 의미가 아니고</u> 크샤트리아 왕족이 사용했던 산스크리트어(범어)임을 지금은 많은 사람이 알고 있습니다.** 우리 마을에서는 크샤트리아 왕족들만 사용했던 언어들을 요즘도 사용하고 있습니다. 특별히 부부간에 사용하고 있는 대표적인 언어를 소개하면 이것입니다.

어이 마히시 - (의미) '여왕님 가까이 오소서'
애마리오 - (의미) '왕이시요'

인터넷에서 살펴보시면 제 말이 정확함을 알게 될 것입니다. 지금도 우리 마을 가까운 여러 곳에서는 소박한 농부 부부가 서로를 이렇게 부르고 있다는 사실은 놀라운 일이 아닐 수 없습니다.

아무튼, 금강석 치유방법은 우리 조상들의 치유방법이었습니다. 소설 <이순신 보물>은 **이순신 장군께서 금강석 치유방법으로 몸을 근본적으로 회복하셨다고** 자세히 기록하고 있습니다. 그리고 장군께서 주무실 때 누우셨던 금강석 중에는 작은 것들도 아주 많이 있었습니다. 그래서 지금도 우리가 은밀한 곳에 보관한 작은 금강석도 상당합니다.

우리도 <u>여러 사람의 치유 체험을 보며 또 우리 자신이 직접 치유를 체험하</u>

면서 나노 다결정 카보나도 다이아몬드인 검정 다이아몬드가 전도체가 되는 자유전자를 갖고 있기에 치유력이 매우 크다는 사실을 체험했습니다. 모든 치유석은 에너지를 전달하는 자유전자를 갖고 있는데, 땅속에서 발견된 단결정 다이아몬드는 자유전자를 갖지 못합니다. 그래서 단결정 다이아몬드는 고가이면서도 치유석으로는 알려지지 않았던 것입니다. 그래서 우리는 다음과 같은 내용을 홍보하고 있습니다.

최고의 치유력

- 금강석(나노 다결정 카보나도 다이아몬드 원석)은 치유에 매우 탁월합니다.
- 땅 위에서 발견된 다결정 금강석에는 전도체가 되는 자유 전자가 있어서 최고의 에너지를 전달하고 최고의 치유력을 발휘합니다.
- 저도 개인적으로 지금도 치유를 경험하고 있습니다. 저와 가족과 같이 살아가는 몇 명의 지인도 치유 경험이 있습니다.
- 특별히 저와 가까운 한 분은 전에는 밖에 나가 돌아오면 쉽게 피곤해 하셨습니다. 하지만 2024년 9월부터 원석을 가슴에 품고 다니면서 에너지를 공급받아 살기에 '피곤이 사라진다'라고 어제도 제게 전화했습니다.
- 오랫동안 규칙적으로 사용하면 반드시 치유의 효과를 경험합니다.

우리는 보석치유사들 그리고 건강관리사들과 함께 하는 **금강석치유프로젝트**를 계획하고 최적 가격 판매도 계획하고 있습니다. **금강석을 판매하여 수익이 생기면 조양창도 재건하고 가난한 사람들을 부유하게 살도록 돕고 공유기업도 만들고 싶기 때문**입니다. 무엇보다 오랫동안 간절히 원했던 것처럼 **열선루가 세계적으로 홍보되도록** 지금도 제 마음에 말씀하시는 신인의 말씀을 따라 겸손하게 작은 역할이라도 하고 싶기 때문입니다.

2025년 봄에 열선루의 행사가 있다면 홍보를 위해서 그리고 관광객들에게 금강석을 50%로 공급할 계획도 갖고 있어서 이순신 돌(검정 금강석)에 관한 내용도 정리하여 사람들과 나누려 합니다. 이 부분을 정리 중인데, 며칠 전에 유 대표님 소개로 <이순신 보물> 사업 때문에 만났던 장 회장님으로부터 유 대표님에게 전화가 왔습니다. '나노 다결정 카보나도 다이아몬드(검정 금강석)를 가지고 사업을 해보겠습니다. 조만간 자세한 내용을 정리한 서류를 만들어 정식 계약 서명하면 좋겠습니다.'라는 내용을 들었습니다. 장 회장님과 사업을 시작하게 되면 장 회장님과 상의해서 열선루 홍보를 위하여 이순신 돌을 어떻게 공급할 것인지 결정해야만 합니다.** 저는 신인께서 우리에게 맡기신 수많은 이순신 돌을 우리를 통하여 아픈 사람들에게 최적으로 공급하실 것이라고 지금도 확신하고 있기에 이렇게 글로 정리하고 있습니다.

열선루 홍보를 어떻게 하면 최고로 잘 할 수 있을지 생각하는 지금도 '돌을 금보다 귀하게 여기라.'는 장군 말씀이 귓가에 울립니다. **특별히 1598년 순천왜성 공격을 준비하기 위해 낙안읍성으로 들어가실 때 홍교 다리를 건너시면서 주셨던 말씀이 귓가에 계속 맴돌고 있습니다.**

"이 다리를 잊지 마라. 이름 없던 수많은 돌이 서로 연결되어 아름다운 다리가 되었다. 이 모든 돌은 금보다 귀하다. 사실 모든 돌이 귀하다. 그러나 **서로 연결되어 다리를 만든 돌들은 최고 귀하다. 서로 연결되어 살아가는 사람들이 최고 보물이다.** 내가 장군 소나무 아래서 강조했던 말을 잊지 마라. 연결된 돌들이 다리이니. 연결된 돌들을 금보다 귀히 여겨라. 너희도 연결된 이 돌들처럼 살기 바란다. 너희만이라도 진짜 장군들답게 살기를 바란다."

이때부터 홍교 다리를 '장군들 다리'로 불렀답니다. 일제의 **<이순신 말살 정책>** 때문에 이런 내용을 알 수 없어 사람들은 보통 '횡갯 「다리' 혹은 '홍곳 다리'로만 불렀지만, 작은 집의 형은 홍교 다리를 의도적으로 **'장군들 다리'**로 불렀습니다. 제가 중학교 2학년 때 세상을 떠나셨던 작은 집 형이 너무도 보고 싶습니다. 저를 항상 목말 태워서 접시 감 홍시를 따도록 했던 형이 그립습니다. 형과 있었던 아름다운 추억을 얼마 전에 기록해 놓았는데, 글을 생각하니 형이 더욱 생각납니다.

● 이렇게 해야 더 재밌잖아

"진짜 더 재밌어?"
"그럼 더 재밌지."
"힘들지 않아?"
"조금도 힘들지 않아."
"솔직히 말해봐. 힘들지."
"솔직히 말하면 조금 힘들지."
"힘들면 내려. 장대로 따면 되잖아."

"아니야, 이렇게 해야 더 재밌잖아."
"형은 힘든데. 나만 재밌으면 뭣해."
"내가 조금 힘들어도 네가 더 재밌으면 되는 거야."
"그래도 내려. 한 사람이 힘들면 진짜 재밌는 거 아니잖아."
"힘들어도 재밌어. 장대로 따면 금방 딸 수 있지만 네가 감 따는 것이 무엇인지 아는 것은 더 재밌어. 네가 나중에 크면 내 어깨 위에서 감 따는 것이 무엇인지 기억날 거야."
"이렇게 따니까 나는 신나는데, 형은 힘들잖아."
"세상에는 힘들어도 무엇인가 하는 이유는 의미가 있기 때문이지."
"의미?"
"그렇지, 의미."
"무슨 말이지?"
"그것이 그것을 하는 사람에게는 중요하다는 거야."
"아! 그러면 형에게 이렇게 하는 것이 중요한 거야?"
"그렇지. 아주 중요하지. 우리 막둥이가 내 등을 타고 감을 따는 것은 매우 중요하지. 지금은 네가 이해하기 힘들겠지만, 후에는 알게 될 거야."

그의 작은 집 커다란 감나무에는 7백 개에서 1천 개 정도의 맛있는 감이 해마다 열려 많은 사람의 입을 즐겁게 만들었다. 물론 어떤 때는 두세 개만 열릴 때도 있었다. 어른들은 그때를 '해거리'를 한다고 말했다.
"엄마, 해거리가 뭐야."
"다음 해에 감을 많이 열려고 올해는 쉬는 거야. 감나무도 쉬어줘야 할 때가 있지. 모든 것은 쉬어줘야 해. 쉼이 있어야만 새로운 삶이 있는 거야."
엄마가 어린 그에게 이렇게 말씀하셨다. 아이는 그때 감나무의 해거리를 통해서 <쉼의 미학>을 알았다. 아이 머리에 하얀 서리가 내려앉기 시작하는 지금, 그는 어린 시절 작은 집 형이 감을 딸 때마다 자신을 어깨 위에 올려놓고 그의 손으로 따게 했던 것을 생각하며 행복의 강에 빠져 있다.

"조금 어렵더라도 좀 더 재밌게 해야만 되지."
"왜 그렇게 해야만 되지?"
"재밌는 것이 더 좋잖아. 기왕에 할 것이면 더 재밌게 해야지."
"형은 힘들다면서. 장대로 감을 따면 더 쉽잖아."
"너는 장대로 감을 딸 수 없잖아."
"나는 장대로 딸 수 없지. 형이 장대를 들고 있고 나도 장대를 잡고 있으면, 둘이 따는 셈이 되니까 재미있겠다. 그렇게 하면 되겠네."
"진짜 그렇게 따면 재미있을까? 솔직히 말해봐."
"솔직히 말하면 형 어깨에서 손으로 따는 것이 더 재미지."
"그러니까 내가 너를 어깨 위에 올려서 감을 따는 거야."

"나무에서 감 따는 때가 너무 좋아. 아마 어른이 된 다음에도 이때를 기억하겠지."

"바로 그거야. 형이 조금 힘들어도 너를 어깨에 태우고 감을 따게 하는 것이 바로 그거야."

"아! 어른이 된 다음에도 이때를 기억하게 하려고 그러는군."

"형과 이렇게 감 따는 것을 영원히 기억할 거야. 형도 우리 막둥이랑 감을 따는 것을 영원히 기억할 거고."

그렇게 아이를 업고 감을 따게 했던 작은 집의 형은 아이가 중학교 2학년 때 저세상으로 갔다. 도시로 유학하여 그곳에서 살았던 형은 장이 아파 2번 수술을 했었다. 그리고 휴학하고 고향으로 돌아왔다. 그런데 돌연히 스스로 저세상으로 떠났다. 그래서 동네 사람들은 수술 후유증으로 몇 년을 고통 가운데 있다가 마지막에 자살을 선택했다고 생각했다. 그러나 형은 수술 후유증 때문에 자살을 선택한 것은 아니었다. 집에 돌아온 형은 금강석 치유방법으로 점차 회복하고 있었다. 나는 나중에 형이 세상을 떠난 다음 형의 일기장을 보았다. 나는 지금도 그 일기장을 갖고 있다. 형의 유품으로 내게 있는 몇 가지 중 하나인 일기장에는 충격적인 내용이 있다.

형은 그때 공부하던 도시에서 만났던 애인이 엄마와 함께 세상을 떠났다는 소식을 들었다. 애인의 아빠는 1960년 4월 19일에 고등학교 교사였는데, 학생들이 시위에 참여하자 학생들을 무참히 진압하는 경찰들을 막아서다가 그 경찰들에게 무참히 맞았다. 그리고 다쳤던 몸이 점점 약해졌고 몇 달 후에 죽고 말았다. 그 후 형 애인과 애인의 엄마는 표현할 수 없는 고통 속에서 살았다. 애인은 학교를 중퇴하고 공장에서 일해야만 했다. 집도 달동네 판자촌으로 이사를 해야만 했다. 그런데 형이 세상을 떠났던 몇 달 전에 애인의 외삼촌이 자살했다는 뉴스가 방송에 나왔다. 애인의 외삼촌은 고등학교 시절 교장 선생님의 양자가 되었고, 그분의 도움을 받아 독일 유학도 가서 박사학위를 받기도 했다. 귀국한 다음 대학교 교수가 되었는데, 총장에게 유신 정부 요원들이 학생들을 너무 심하게 탄압하니 학교의 이름으로 시국성명서를 발표해야만 한다고 말했는데, 그 말이 정부 요원들에게 들어갔다. 요원들에게 잡혀 고문을 받는 과정 중 지하실에서 옥상으로 도망갔고, 갈 곳이 없자 그곳에서 뛰어내려 자살하고 말았다. 고문이 너무 심해 감당할 수 없었는데, 고문당하지 않는 순간 그렇게 했다는 것을 나중에 알았다.

애인의 엄마는 미쳐버렸다. 그리고 며칠 뒤 애인의 엄마는 판자로 된 집에 불을 놓고 방안에 멍하니 앉아서 방 밖으로 나갈 생각도 하지 않았다. 일터에서 달동네로 올라오다 불타고 있던 집을 보고 집 안으로 뛰어 들어온 애인이 엄마를 끌어내려고 했지만, 꿈쩍도 하지 않았다. 애인 엄마는 쇠사슬로 자신을 묶고 그 쇠사슬을 방안 어딘가에 매달아 자물쇠로 채우고는 자물쇠를 버렸기 때문이다. 소방차가 달려왔을 때 집은 불바다가 되었다. 애인이 그렇게 떠난 것을 알고 난 며칠 후 형도 세상을 떠났다. 형이 세상을 떠나기 전에 했던 말이 아이의 가슴에 지금도 있다.
"그녀와 가졌던 추억은 영원하지. 비록 많지는 않지만. 그리고 우리 막둥이와 함께 가졌던 추억도 영원하지."
그는 형이 이렇게 말했던 것을 오늘 새벽에도 생각한다. 그가 형과 나눴던 추억은 매우 많다.
"장기를 두는 것은 이기기 위해서가 아니야. 상대방과 재밌는 순간을 만들기 위해서지."
제일 처음 장기 두는 방법을 가르쳐줄 때 형이 해 주었던 말이다.
"동양화를 그려준 사람들도 여러 사람이 이것을 보면서 즐겁게 놀기를 원해서지. 돈 없이도 즐겁게 놀 수 있어야 하지."
이것도 6세 아이에게 화투를 가르쳐 줄 때 형이 한 말이다.
"소설을 보는 것은 현실에서 볼 수 없는 상상의 세계를 보기 위함이지."
초등학교 3학년 때 형이 보고 있는 <수호지>를 보았다. 소설 속에 깜짝 놀랄 내용이 너무 많았다. 그때 형이 한 말이었다.
"혼자 있어도 혼자 있는 것이 아니지. 이 많은 줄이 수많은 소리를 만들지. 그 수많은 소리가 친구가 되지. 이것은 마술사야. 수많은 친구를 만들어 주는 작은 창조자이지."
형이 기타를 치면서 했던 말이다. 아이는 그때 동네에서 하나뿐인 기타를 치던 형이 너무 멋져 보였고, 기타 소리를 처음으로 들으면서 매우 신기하게 생각했다. 작은 선 하나가 수많은 소리를 창조할 수 있다는 것은 기적이었다. 그 후 아이는 기타 소리를 들을 때면 그때로 돌아간다.
"저 배우보다 더 예뻤던 그녀와 단 하루만 같이 한 이불 아래서 살 수 있었다면 얼마나 좋을까."
세상을 떠나기 며칠 전, 내가 틀었던 TV에 나오는 예쁜 여배우를 보고 형이 했던 말은 형이 세상을 떠난 다음 가슴에 못 자국으로 남았다.
"힘들어도 그것에 더 큰 의미가 있다면, 그쪽을 선택해야 하지. 그렇게 해야 더 재밌어."
형의 말은 아이가 클 때도, 어른이 된 후에도 그에게 큰 도움이 되었다. 어른이 된 후에도 그는 스스로 이 말을 자주 하고 있다.

이렇게 해야 더 재미있잖아.
기왕에 무엇을 해야 한다면 더 재밌는 쪽을 선택하자.
내가 조금 힘들다고 해도 함께 있는 사람이 기쁘다면
그렇게 해야 더 재미있다면 내가 그 힘든 것을 감당하자.

저는 형의 애인 집안이 세상에서 사라져 버리고 형이 자살하게 된 근본 원인을 아주 오랫동안 생각해 왔습니다.

남북이 분단된 상태로 있어서 이념을 이용하는 악마보다 악한 자들이 생긴다.

일본의 한반도 침략에 동조하는 악마보다 악한 자들이 아직도 여전히 실세다.

두 가지 근본문제를 해결하지 않으면 작은 형과 같이 희망을 상실하고 자살하는 사람이 계속 생기게 되리라고 생각하고 있습니다. 두 가지 근본 원인을 해결하기 위해서는 '**신흥**'하는 **세력**을 키워야만 합니다. **신흥한국을 만들 수많은 사람을 양육해야 합니다. 신흥한국을 만들 수많은 기업을 만들어야만 합니다. 신흥한국으로 가는 위대한 문화가 이루어져야만 합니다.** 이 모든 것들이 이루어지기 위해서는 두 가지가 반드시 있어야 한다고 생각합니다. **사람과 자본 - 이 두 가지입니다.**

우리는 연합하는 사람들이 많이 생기길 꿈꾸고 있습니다.
우리는 경제력이 큰 사람들이 많이 생기길 꿈꾸고 있습니다.
그래서 우리는 꿈의 가족으로 살아가고 있습니다.

우리는 지금도 수많은 금강석을 우리에게 맡기신 신인께서 수많은 사람을 연합시키고 그 사람들을 통해서 신흥한국을 이루시길 기도하고 있습니다. 우리는 시인께서 맡기신 금강석을 최고 가치 있게 활용하기 위해서 최고의 전략을 모색하고 있습니다. 빈센트 반 고흐의 <붉은 포도밭>이 보험가격만 해도 590억이라는 사실을 잘 알고 있습니다. 처음 400프랑(30달러 해당)이었던 그림이 천문학적 가치로 인정받게 된 것은 화가의 제수씨가 만들었던 마케팅 때문입니다. 우리는 신인께서 우리에게 맡기신 수많은 금강석을 <이순신 돌>이란 명품 다이아몬드로 만들고 말 것입니다. 해외로는 <Yi Sun-sin Diamond>(이순신 다이아몬드 LS DIA) 이름으로 마케팅 전략을 생각하고 있습니다.

우리는 신인에게 최고 순종하며 사람에게 최대 인정받은 회사가 되어 아주 작은 금강석 하나 또 하나까지도 최고의 가치 있는 <이순신 돌>이라는 확인증을 발행할 것입니다. 세계 최고의 보석감정기관보다 더욱 인정받는 회사가 되도록 최선을 다할 것입니다. 우리 회사 인증서

<u>하나가 590억 이상의 가치를 가질 수 있도록 만들고 말 것입니다.</u> 왜냐하면, 우리의 꿈을 실현할 수 있는 모든 금강석은 <이순신 돌>이기 때문입니다. 모든 돌이 연합하여 장군님의 몸을 회복시켰기 때문입니다. 모든 돌에 장군님의 마음이 스며 있기 때문입니다.

이 작은 책자를 읽으시고 마음으로 신인의 말씀을 듣고서
<u>꿈의 가족</u>이 되길 원하시면 연락 바랍니다.
꿈의 가족으로 사는 것은 매우 어렵지만
꿈의 가족으로 사는 것이 더 재밌습니다.
우리 12가정은 앞으로 12가정을 만나
24가정이 신인의 가족으로 서로 사랑하며
신인이 주신 꿈을 연합해서 이루려고 기도하고 있습니다.

300페이지 분량을 요약한 내용이라 설명되지 않는 많은 부분을 담고 있는 미완성 이야기를 끝까지 읽어주셔서 진심으로 감사드립니다. 항상 건강하고 행복하시길 기도합니다. 우리에게 <u>수조 이상이 될 수 있는 금강석</u>까지 맡기신 신인(神人)에게 이 책을 읽으실 당신을 위해 지금도 간절히 기도합니다. 신인(神人)에게 간절히 기도하는 이 순간에도 작은 형의 소리가 귓가에 맴돌고 있습니다.

"막둥이와 함께 조상이 알려준 <이순신 보물>을 많은 사람에게 알리고 싶었는데, 그럴 수 없어서 정말 미안하다."

소책자 정리를 마감하는 지금, 형과 함께 이루고 싶었던 꿈을 우리가 신인의 가족으로 살면서 '이순신 돌'을 이용하여 이루게 될 것을 생각하니 정말 기쁩니다. 신인의 가족으로 살아가는 우리가 <이순신 보물>을 세상 모든 사람에게 알릴 수 있기를 간절히 기도합니다. 그래서 수많은 사람이 우리처럼 신의 가족으로 살 수 있기를 이 순간에도 신인에게 간절히 기도합니다. 기도하는 순간에도 장군께서 '**참 예쁘지**'라고 말씀하시며 마리오 신부 때문에 살게 된 그녀를 양녀 삼는 기념으로

선물하셨다는 금강석을 만져봅니다. **크기는 중국 박물관에 있는 414억 짜리 정도입니다.** 그런데 **다이아몬드의 가격을 414억으로 결정하는 가장 중요한 것이 '다이아몬드 역사'**입니다.

이순신 돌(LS DIA)　　　　　　　414억 다이아몬드

2020년도에 블로그https://blog.naver.com/china_lab/222346574976?photoView=0 에서 다이아몬드를 소개했던 <CHINA LAB>도 다이아몬드 가격을 결정하는 것 중에 가장 중요한 점이 <u>역사성</u>임을 다음과 같이 기록합니다.

이 블랙 다이아몬드(Korloff Noir)는 세계 5대 슈퍼 블랙 다이아몬드 중 하나로 57개의 커팅면을 가지고 있다. 조명 아래 유난히 빛나는 이 다이아몬드는 프랑스 파리 외 지역에서 공개된 적이 거의 없다. 다이아몬드의 원석은 **200캐럿에 달하며 러시아 시베리아 다이아몬드 광산에서 채굴된 것으로 알려졌다.** 이후 중세 유럽 귀족 가문인 코를로프(Korloff)가가 소유했기에 가문의 이름을 따 'Korloff Noir'라고 불리게 됐다. 현재 이 블랙 다이아몬드의 가치는 약 3천 700만 달러, 한화로 약 414억 5천 850만 원이다.

우리는 **이순신 돌**이 가지고 있는 <u>**위대한 역사성**</u>을 최고 잘 활용할 것입니다. 그래서 **이순신 돌을 최고 가치 있는 다이아몬드로 만들 것입**니다. 우리가 이런 꿈을 꾸는 것은 우리가 소개하는 <<u>**이순신 보물**</u>>이 얼마나 소중한 것인지 세상에 알리고 후손들이 그 보물을 잘 보존하고 <u>**신흥한국**</u>을 이루도록 돕고 싶기 때문입니다. 우리가 이순신 장군님처럼 **사즉필생(死卽必生)**을 마음에 품고서 끝까지 최선을 다해서 순종한다면, 신인께서는 우리가 할 수 없는 위대한 일들도 반드시 이루실 것입니다. **겸손히 순종하는 자들에게 천행(天幸)은 지금도 계속됩니다.**

신인(神人)이시여!
우리를 사용하셔서 꿈을 이루소서!

이순신 보물

초판 1쇄 발행　　2025년 4월 19일

지은이　　　　이순태

펴낸이　　　　이순태
펴낸곳　　　　뷰티풀월드
주　소　　　　전남 보성군 벌교읍 원지동길 189-14
문　의　　　　okvision7777@gmail.com(출판사)
　　　　　　　saintspaullee@gmail.com(저자)
전　화　　　　010 9437 7883
디자인
　　　　사진　S. 폴리 그 외 인터넷(출처 기록함)
ISBN

* 책값은 뒤표지에 표시되어 있습니다.
* 이 책의 내용 전부 또는 일부를 무단사용을 금지합니다.
사용하시려면 반드시 저자의 동의를 받아야만 합니다.
저자의 동의 없이 사용할 경우 법적 책임이 따르게 됩니다.

2010년에 쓴
101가지 꿈의 목록(기도 제목)

48번째 - 사도께서 계시록을 썼던 밧모섬의 그 자리에서 감사하는 것 (2020년까지)
90번째 - 수익의 1%로 우리 가족이 생활하고 99%를 나누며 사는 것 (2025년까지)

생애 가장 힘들었던 2010년에 신음하며 기록하고 기도해 왔던 **꿈의 목록 101가지** 중에서 <u>2019년 코로나 이전에 48번째가 이루어졌을 때 밧모섬에서 많이 울면서 감사기도 드렸습니다. 2025년 올해는 90번째가 이루어질 해인데, 이루어지면 얼마나 많이 울지 모르겠습니다.</u>
밧모섬에 저를 데리고 가셨던 형님께서 목회하신 교회가
**4월 26일에 새 교회당 입당잔치를 하는데 진심으로 축하하려고 합니다.
그리고 4월 27일에 제가 축하하며 설교**합니다. 기도하며 '새로운 교회당에서 수많은 사람이 모여 아름다운 잔치를 신인이 오시는 그날까지 계속합시다.'라는 내용을 준비하는데
그날 설교시간에도 많이 울 것 같습니다. 그날 울지 않으려고 조금 전에도 많이 울었습니다.
신인의 가족으로 사는 12가정의 행복도 간절히 빌면서요.

글을 다 정리한 지금은 **4월 12일 토 밤 7시**입니다.
대학 때부터 신실한 동생으로 살아준 유 대표님께서 저녁 먹자고 부릅니다. 감사할 뿐입니다.